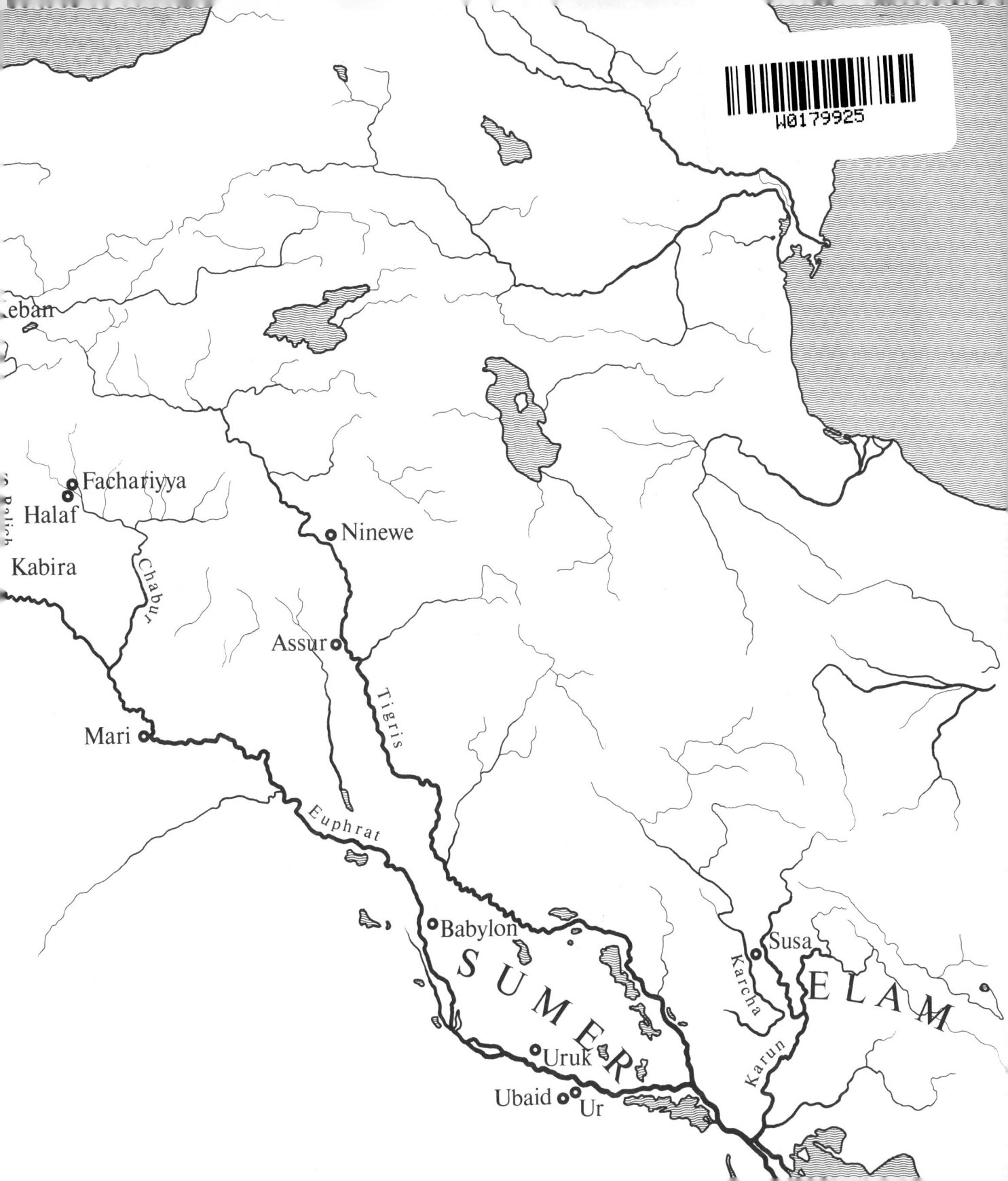

eban

Fachariyya

Halaf

Kabira

Chabur

Ninewe

Assur

Tigris

Mari

Euphrat

Babylon

S U M E R

Uruk

Ubaid Ur

Karcha

Karun

Susa

E L A M

12. Sendschrift der Deutschen Orient-Gesellschaft

TAFEL A

Blick von der Spitze des Tall Habuba Kabira auf das Grabungsareal im Südosten, Expeditionslager, südliches Dorf und Euphrattal. Im Grabungsgebiet erkennt man von rechts nach links einige Räume der Werkstätten, die innere Zitadellenmauer, die Umfassungsmauer der Brunnenterrasse mit dem Töpferofen und die äußere Zitadellenmauer

EVA STROMMENGER

HABUBA KABIRA
Eine Stadt vor 5000 Jahren

Ausgrabungen
der Deutschen Orient-Gesellschaft am Euphrat in
Habuba Kabira · Syrien

VERLAG PHILIPP VON ZABERN · MAINZ AM RHEIN

Die Ausstellung wurde zusammengestellt von der Deutschen Orient-Gesellschaft und wird gezeigt in:
MÜNCHEN vom 23. April bis 7. September 1980 in der Prähistorischen Staatssammlung, Lerchenfeldstraße 2
KREFELD vom 26. September 1980 bis 4. Januar 1981 im Landschaftsmuseum des Niederrheins, Burg Linn
MÜNSTER vom 1. Februar bis 31. Mai 1981 im Landesmuseum für Vor- und Frühgeschichte, Rothenburg 30

Umschlagbild:
Überblick über einen Grabungsabschnitt in Habuba Kabira-Süd, im Hintergrund der Tall Qannas, links das Euphrattal

ISBN 3-8053-0449-8 / Printed in Germany / Imprimé en Allemagne

Inhalt

Tᴀꜰᴇʟ B

Nebenraum eines Hauses in Habuba Kabira-Süd mit dem an Ort und Stelle gefundenen Inventar,
insbesondere Keramik und Sattelmühlen

Vorwort

Nur ausnahmsweise ließen deutsche Ausgräber bisher die Öffentlichkeit unmittelbar an ihren Forschungen teilnehmen. Wer nicht Spezialist ist, muß sich weitgehend mit Darstellungen aus zweiter und dritter Hand begnügen, denn der Weg einer allgemeinverständlichen Berichterstattung, den Robert Koldewey und Walter Andrae für ihre Grabungsorte Babylon und Assur bereits 1913 und 1938 einschlugen[1], ist nicht weiter verfolgt worden. Begründet durch den gegenwärtigen Forschungsstand läßt sich diese Lage zur Zeit nicht grundsätzlich ändern. Dennoch möchte die Deutsche Orient-Gesellschaft mit diesem Band eine alte Tradition wieder aufnehmen, die sie in den Jahren 1901 bis 1941 begann, als sie für einen größeren Leserkreis bestimmte ›Sendschriften‹ herausgab[2]. In dieser Reihe sind neben den genannten Werken Koldeweys und Andraes über ihre Ausgrabungen in Babylon und Assur auch Stellungnahmen zu anderen neuen Forschungsergebnissen von allgemeinem Interesse erschienen wie Heinrich Schäfer, ›Amarna in Religion und Kunst‹, Anton Moortgat, ›Bildwerk und Volkstum Vorderasiens zur Hethiterzeit‹ und Kurt Erdmann, ›Das Iranische Feuerheiligtum‹. Diese Veröffentlichungsreihe bot demnach stets aktuelle und verständliche Wissenschaft aus erster Hand.

Thema dieser zwölften Sendschrift ist eine Ausgrabung in Syrien, die im Rahmen einer internationalen Rettungsaktion anläßlich eines Staudammbaus am mittleren Euphrat durchgeführt wurde. Veranstalter war die Deutsche Orient-Gesellschaft; finanziert wurde die Forschungsarbeit aus Mitteln der Stiftung Volkswagenwerk.

Die Grabungen an dem Ort Habuba Kabira (vgl. Karte Innendeckel vorn) erzielten außergewöhnlich interessante Ergebnisse, die wir nun nicht nur durch Berichte, sondern auch an Hand von Fundstücken der Öffentlichkeit vorstellen und erläutern können. Dies verdanken wir dem großzügigen Entgegenkommen der syrischen Antikenverwaltung, die den ausländischen Mitarbeitern am archäologischen Notprogramm eine Teilung ihrer Funde gewährte. So kam eine sehr wertvolle Sammlung von Gefäßen, Werkzeugen, Geräten, Figuren, Schmuckstücken und anderen Objekten vom Euphrat nach Berlin. Eine Auswahl von ihnen wird in einer Ausstellung gezeigt, die daneben auch mit Zeichnungen, Photographien, Architekturmodellen und Texten über das Forschungsprojekt und seine Ergebnisse berichtet.

Diese Sendschrift erscheint an Stelle eines Kataloges. Sie will einerseits den Besucher der Ausstellung zum Vorbereiten und späteren Nachlesen mit allen gebotenen Informationen und über diese hinausführenden Materialien versorgen, andererseits auch jenem Leser, der keine Gelegenheit zum Ausstellungsbesuch hat, einen unmittelbaren Zugang zum behandelten Thema ermöglichen.

Die Ausstellung wurde mit Studenten der Freien Universität Berlin entworfen und realisiert[3]. Sie konnte erstmals vom 2. Juli bis zum 30. September 1978 in Berlin im Museum für Vor- und Frühgeschichte, Schloß Charlottenburg, gezeigt werden.

Ein Eingangsbereich bietet allgemeine Informationen zu den Bedingungen archäologischer Forschungen im Vorderen Orient, zu den gegenwärtig vordringlichen Aufgaben, den gesetzlichen Bestimmungen sowie den wissenschaftlichen und finanziellen Voraussetzungen. Es wird hier ferner das internationale Notprogramm im Gebiet des Euphratstausees dargestellt und dann zu unseren eigenen Arbeiten in Habuba Kabira übergeleitet.

Die Befunde an diesem Ort werden, von der Grabungssituation ausgehend, über ihre technische und

1 R. Koldewey, Das wieder erstehende Babylon (Leipzig 1913); – W. Andrae, Das wiedererstandene Assur: Sendschriften der Deutschen Orient-Gesellschaft 9 (Leipzig 1938); eine zweite, durchgesehene und erweiterte Auflage wurde von B. Hrouda (München 1977) herausgegeben.

2 Eine Aufstellung der bisher erschienenen Sendschriften befindet sich in den Mitteilungen der Deutschen Orient-Gesellschaft (= MDOG) 100 (1968) 80 f.

3 Beteiligte: Karin Bartl, Andrea Becker, Bahaa Chakeir, Tilman Eickhoff, Achim Heiden, Kay Kohlmeyer, Dora Pannes, Geraldine Sahervala, Reinhild Spiess, Eva Strommenger, Christa Studt und Dietrich Sürenhagen.

Abb. 1 Modell der Stadt Habuba Kabira-Süd im Maßstab 1:400, Entwurf Wido Ludwig, Ausführung Werner Irle

wissenschaftliche Bearbeitung bis zum Ergebnis, der Erschließung der Lebensverhältnisse im Altertum, vorgeführt.

Hierbei geht es zunächst um eine befestigte Stadt aus dem 4. Jahrtausend v. Chr. an der Fundstelle Habuba

Kabira-Süd, die ein Umschlagplatz im ›internationalen‹ Handel war (Abb. 1 und Innendeckel hinten). Sie gehörte in den unmittelbaren Bereich der ältesten Schriftkulturen Vorderasiens. Dies wird durch Vergleiche der Architektur und des Kunsthandwerks mit

8

Abb. 2   Tall Habuba Kabira, Westhang mit modernem Friedhof

Entsprechungen aus den deutschen Grabungen im südmesopotamischen Uruk verdeutlicht.

Des weiteren wird über die Forschungen und ihre Ergebnisse am Tall von Habuba Kabira berichtet (Abb. 2). Dieser Ruinenhügel nördlich der antiken Stadt Habuba Kabira-Süd (Abb. 12) ist von der Mitte des 4. bis zum frühen 2. Jahrtausend v. Chr. durch Wohnschutt in zwanzig übereinandergelagerten Schichten aufgewachsen. Hier lag eine kleine befestigte Handwerkersiedlung von lokaler, nicht ›internationaler‹ Bedeutung.

Die Beobachtungen an den beiden Fundstellen in Habuba Kabira führen uns durch etwa zwei Jahrtausende altvorderasiatischer Geschichte. Sie zeigen zugleich Alternativen der Siedlungs- und Bauformen sowie der wirtschaftlichen Verhältnisse. Schließlich stellen sie den Ausgräber bei der Erforschung vor unterschiedliche Probleme: Eine nur kurzlebige Ortschaft ist mit einer anderen Strategie zu erkunden als ein aus Siedlungsschutt bis zu neun Meter hoch angewachsener Hügel. Somit wird neben der Berichterstattung über eine Grabung zugleich eine Einführung in wichtige Bereiche des Alten Orients und seiner archäologischen Erschließung gegeben.

Die Deutsche Orient-Gesellschaft hofft, durch diese Ausstellung und diese Sendschrift einen größeren Kreis Interessierter zu eingehenderer Beschäftigung mit den bis in unsere Zeit hineinwirkenden Kulturen des orientalischen Altertums anzuregen. Dies ist neben der Forschung ihr wichtigstes Ziel.

◀ TAFEL C

Oben links
Blick auf den Mittelsaal und die westlichen Nebenräume des ›Osthauses‹ in Habuba Kabira-Süd, im Hintergrund das Euphrattal und der Djabal Aruda

Oben rechts
Mittelsaalhaus mit T-förmigem Mittelraum in Habuba Kabira-Süd, rechts der Tall Qannas, im Hintergrund das Euphrattal mit dem Steilabfall des östlichen Ufers

Unten links
Die innere (vorn) und die äußere Zitadellenmauer in Tall Habuba Kabira, im Hintergrund das Euphrattal mit der Region von Munbaqa jenseits des Flusses

Unten rechts
Blick von der Spitze des Tall Habuba Kabira auf die innere und die äußere Zitadellenmauer, die Umfassungsmauer der Brunnenterrasse und den Töpferofen

TAFEL D

Oben
Gefäß mit rotem Tonüberzug aus Habuba Kabira-Süd, Höhe 33 cm

Links
Schnitt durch die umgestürzte Zitadellenmauer von Tall Habuba Kabira und den älteren Schutt des Tall-Abhanges

Teil I: Forschungsbedingungen

1. Archäologie im Zugzwang

Als um die Mitte des 19. Jahrhunderts die ersten archäologischen Ausgrabungen in Vorderasien stattfanden, war das Gebiet der hier einst beheimateten Hochkulturen weitgehend menschenleer. Zumeist diente es Nomaden und Beduinen als Weideland. Lediglich im Umkreis der wenigen Städte betrieb man Acker- und Gartenbau. Die zu Schutt verfallenen Reste aus dem Altertum blieben dabei im wesentlichen unberührt. Sie erlitten nur dort Schaden, wo Ort-schaften auf Ruinen oder in deren unmittelbarer Nähe lagen: Das lehmige Material dieser Ruinen wurde dann gern zur Herstellung von Ziegeln verwendet oder als Düngemittel auf die Felder gebracht (Abb. 3). Dabei kam mancherlei aus dem Hausrat der ehemaligen Bewohner zutage, darunter gelegentlich Brauchbares oder sogar besonders Wertvolles, das zu Suchgrabungen nach weiteren Funden Anlaß geben konnte. Dort, wo Bauwerke des Altertums aus Steinen oder gebrannten Ziegeln bestanden, verwendeten die Einwohner diese gern als Material für den modernen Hausbau. So wurde zum Beispiel in Babylon vieles zerstört; der ›Turm von Babel‹ ist das berühmteste Opfer.

Im großen und ganzen litten die Ruinen unter dem

Abb. 3   Tall Qubasin bei Bab, nordöstlich von Aleppo, ein stark zerstörter Siedlungshügel

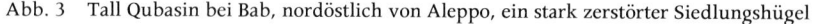

Eingriff der Menschen nicht viel mehr als unter der regelmäßigen Erosion durch Wind und Regen, die im Laufe der Zeit ganze Wohnschichten der Siedlungshügel abtrugen oder tiefe Rinnen in ihren Flanken verursachten. Erst als sich nach dem Ersten Weltkrieg moderne Staaten herausbildeten, die neben ausgedehnterer Bodennutzung in jüngster Zeit auch eine stärkere Industrialisierung anstreben, traten neben die Naturkräfte zunehmend andere Ursachen des Verfalls. Auch dringen die Städte mit ihrer wachsenden Einwohnerzahl weit in das Umland vor und beziehen dabei manche alte Siedlungsruine in ihr Areal mit ein. Wie in Europa, wo dieser Prozeß ebenso vor sich geht, versuchen die modernen orientalischen Staaten ihre Bodenaltertümer durch entsprechende Gesetze (s. unten S. 19 f.) zu schützen. Allerdings haben sie es im Gegensatz zu Nordeuropa mit einer weit intensiveren Besiedlung im Altertum und mit einer wesentlich vielseitigeren materiellen Hinterlassenschaft zu tun. Als wirksamste Schutzmaßnahme werden alle bekannten Ruinen, vergangene Städte ebenso wie Dörfer, als Antikengebiet registriert, womit die Nutzung dieser Areale als Acker oder als Baugrund kontrolliert wird. Gelegentlich hat man sogar Ortschaften aus bedeutenden Ruinen umgesiedelt. Bekanntestes Beispiel aus Syrien ist Palmyra, wo im Jahre 1930 mehrere tausend Einwohner aus dem Heiligen Bezirk in das neue Städtchen Tadmor außerhalb der Ruinen umziehen mußten. Angesichts der reichen Überlieferung aus der Vergangenheit ist es unvermeidlich, daß manches der staatlichen Aufsicht entgeht und trotz des gesetzlichen Schutzes zerstört wird. So bedauerlich dies im Einzelfall auch ist, so entsteht jeweils doch nur ein begrenzter Schaden, den die wissenschaftliche Forschung in gewissem Maße ausgleichen kann. Anders ist die Situation jedoch, wenn eine größere Region insgesamt vernichtet wird. Solche extrem ungünstigen Auswirkungen haben vor allem Staudammbauten, die heute in den Ländern des Vorderen Orients in großer Zahl ausgeführt werden. Sie dienen der Flußregulierung, der Feldbewässerung, der Trinkwasser- und Elektrizitätsgewinnung. Da diesen Anlagen eine Schlüsselstellung in der allgemeinen Entwicklungsplanung zukommt, haben hier die Interessen der Altertumsverwaltungen zurückzustehen. Im Gebiet der Stauseen

wird unterschiedslos alles überschwemmt, ganz gleich, ob es sich um sogenannte ›Bodenaltertümer‹ oder um noch oberirdisch erhaltene historische Bauten handelt. In einer solchen Situation gibt es nur eine einzige Möglichkeit: So viel zu retten, wie es die Zeit bis zur Überschwemmung noch zuläßt. Dabei geht es um alle Arten von Quellen für unsere Kenntnis des Altertums, um Bauten, um den Hausrat ihrer ehemaligen Bewohner, um Produkte ihres handwerklichen und künstlerischen Schaffens, schriftliche Überlieferung und vieles andere mehr. Von ihnen sind allein die beweglichen Güter zu retten; die baulichen Reste werden durch Ausgrabung in ihrer Anlage und Substanz erkundet und bleiben dann der Zerstörung überlassen. Nur bedeutende Architekturdenkmäler können durch Umsetzen an ungefährdete Stellen bewahrt werden.

Ein solches Notprojekt können die betroffenen Staaten aus personellen und oft auch aus finanziellen Gründen nicht allein durchführen. Sie bitten daher ausländische Institutionen um Mithilfe – niemals ohne Erfolg, denn die Rettung kulturgeschichtlicher Denkmäler ist ein selbstverständliches Anliegen aller jener, die in der Orientforschung tätig sind. Gegenwärtig sind es neben Syrien vor allem die Türkei und der Irak, die in solchen Staudammprojekten einen beträchtlichen Teil internationaler Forschungsaktivität binden.

Die Archäologie gerät zunehmend in Zugzwang.

Verglichen mit den sonst üblichen isolierten Einzelforschungen eröffnet eine Zusammenarbeit vieler Ausgrabungsgruppen in einer räumlich begrenzten Region ganz neue Möglichkeiten. Wenngleich die verfügbare Zeit stets zu knapp und die Finanzierung zumeist unzureichend ist, so fördert die internationale Konzentration auf ein kleineres Forschungsgebiet nicht nur den Erfahrungsaustausch, sondern auch das Aufgreifen neuer Fragestellungen, die eine größere Informationsdichte verlangen. Nachdem die ersten Staudammprojekte abgeschlossen sind, gelten die versunkenen Gebiete als die am besten erforschten in den jeweiligen Ländern.

Dies trifft in hohem Maße auch auf das nordsyrische Euphrattal zu, das vordem noch keine genauere ar-

Tafel E

Links
Weibliche Figur aus Terrakotta von Tall Habuba Kabira,
Höhe 10 cm

Rechts
Weibliche Figur aus Terrakotta von Tall Habuba Kabira,
Höhe 12,1 cm

Rechts
Bruchstücke verschiedener Terrakottafiguren von Tall Habuba
Kabira

Links
Figur eines Schafes aus Terrakotta von Tall Habuba Kabira,
Höhe 5,4 cm

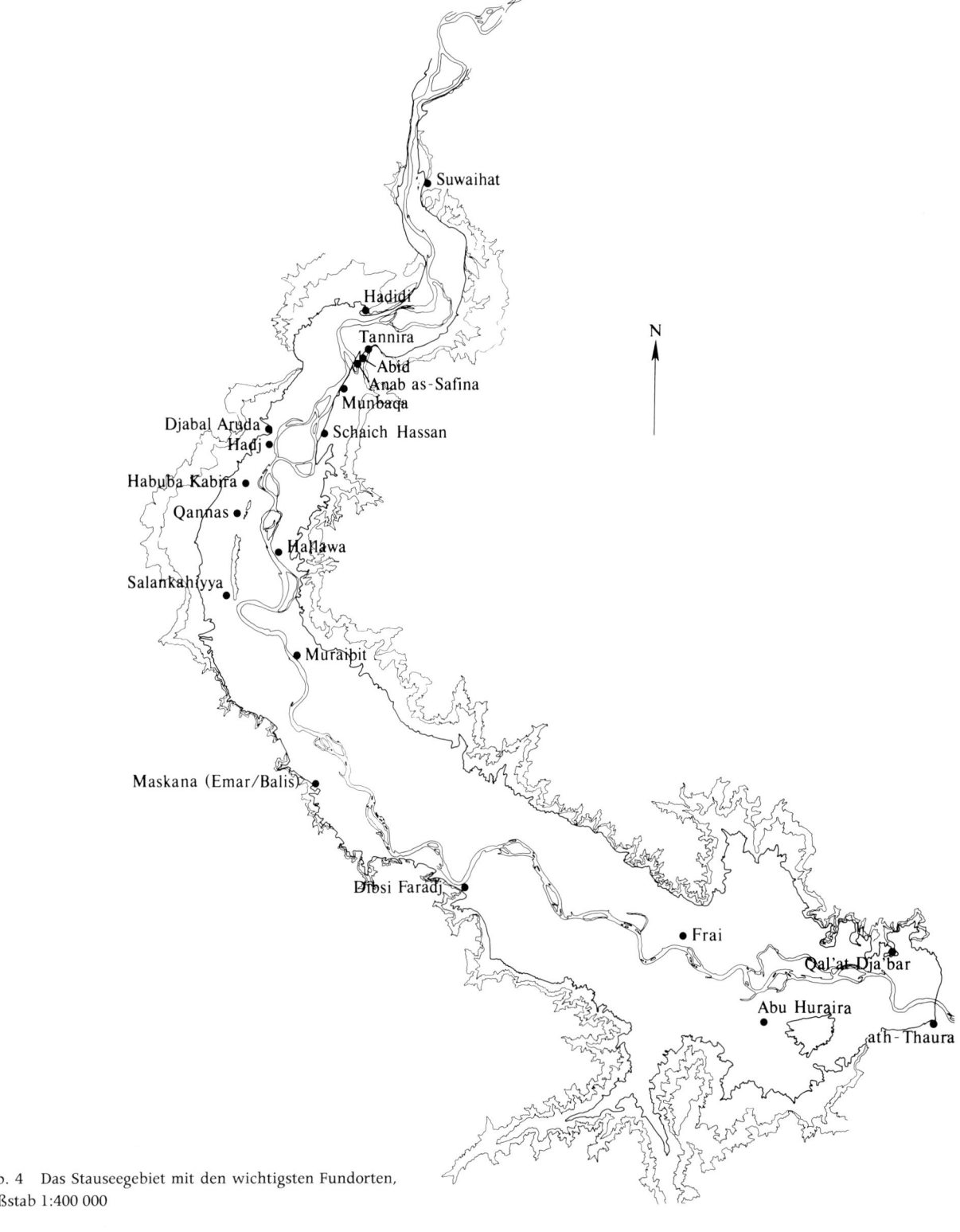

Suwaihat

Hadidi

Tannira

Abid

Anab as-Safina

Munbaqa

Djabal Aruda

Schaich Hassan

Hadj

Habuba Kabira

Qannas

Hallawa

Salankahiyya

Muraibit

Maskana (Emar/Balis)

Diosi Faradj

Frai

Qal'at Dja'bar

Abu Huraira

ath-Thaura

Abb. 4   Das Stauseegebiet mit den wichtigsten Fundorten,
Maßstab 1:400 000

chäologische Untersuchung erfahren hatte (Abb. 4)[4]. Bereits im Jahre 1948 begannen Vorüberlegungen zum Bau eines Staudammes am Euphrat. Er sollte die Bewässerung einer erheblich vergrößerten landwirtschaftlichen Nutzfläche sicherstellen (Abb. 5) und zugleich zur Energiegewinnung dienen. Bald folgten geologische und hydrographische Untersuchungen sowie die Vermessung und Kartierung des in Frage kommenden Gebietes. Erst 1957 wurde über den Standort des Dammes bei dem kleinen Ort Tabqa, der heutigen Stadt ath-Thaura (= ›Die Revolution‹) entschieden und 1966 ein syrisch-sowjetischer Kooperationsvertrag über den Dammbau geschlossen. Man entschied sich für einen Damm aus Kies und Sand mit einem wasserundurchlässigen Kern. Diese Bauweise wurde nicht nur aus Gründen der Sicherheit, sondern auch wegen ihrer Wirtschaftlichkeit gewählt, denn das notwendige Material ist in unmittelbarer Umgebung reichlich vorhanden. Die Länge des Dammes beträgt 4500 m. Seine Sohle ist 512 m breit und seine Höhe mißt in der ersten Ausbauphase 60 m. Der See hinter diesem mächtigen Bauwerk erreicht eine Länge von 80 km. Acht Generatoren haben eine Leistung von 800 Megawatt und die zu bewässernde Landfläche umfaßt annähernd 640 000 ha. Stromleistung und Bewässerungsland lassen sich in einer zweiten Ausbauphase noch vergrößern.

Als die Planungen des Dammes beendet und damit Lage und Größe des Überschwemmungsgebietes bekannt waren, mußten sich die Archäologen zunächst einen Überblick über die bedrohten Bodenaltertümer und die oberirdisch noch anstehenden historischen Bauten verschaffen. Dies geschah in den Jahren 1963[5] und 1964[6] durch syrische und amerikanische Fachleute. Ihnen verdanken wir das Auffinden von 56 Fundstellen im betroffenen Gebiet. Damit waren jedoch bei weitem nicht alle erfaßt. Weitere entdeckten die verschiedenen Gruppen von Ausgräbern später, als sie sich längere Zeit an einem Ort aufhielten und dabei dessen Umgebung genauer kennenlernten. Andere Fundstellen entgingen mit Sicherheit der Aufmerksamkeit vor allem dann, wenn sie sich an der Oberfläche nicht markierten.

Als Ergebnis der Voruntersuchungen zeichnete sich eine Besiedlung des nordsyrischen Euphrattals über

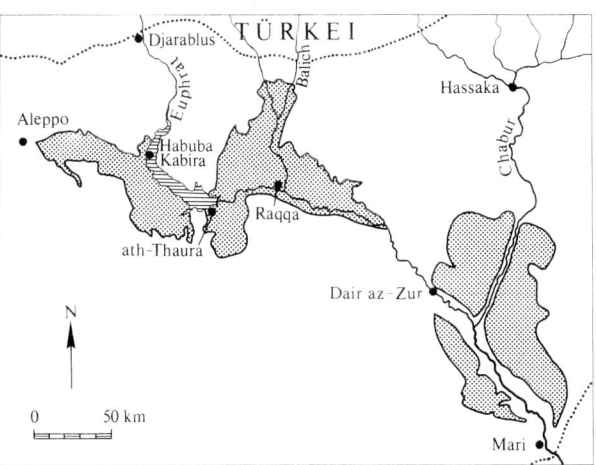

Abb. 5   Die geplanten Bewässerungsgebiete

nahezu 11 000 Jahre bis zur Gegenwart ab, wenngleich in wechselnder Dichte. In dieser Situation war es von vornherein deutlich, daß die Erforschung so zahlreicher Zeugen der Vergangenheit die Möglichkeiten des syrischen Antikendienstes weit überstieg: Es mußte international um Hilfe gebeten werden. Den gleichen Weg hatte wenige Jahre vorher auch die Türkei beschritten, als weiter oberhalb am Euphrat der Keban-Staudamm gebaut wurde (Karte Innendeckel vorn).

Die syrische Bitte, die von der UNESCO unterstützt wurde, fand eine breite Resonanz. Aus schriftlichen Quellen und der geographischen Lage war nämlich bekannt, daß der betroffene Abschnitt des Euphrattales durch Jahrtausende im ›internationalen‹ Handel eine besondere Rolle gespielt hat. Hier zweigten von der nordsüdlichen Route längs des Flusses wichtige Ost-West-Verbindungen durch das obere Mesopotamien zum Tigris-Gebiet und über dieses hinaus nach Osten sowie in westlicher Richtung zum Mittelmeer

4 Zur allgemeinen Landeskunde Syriens vgl. E. Wirth, Syrien – Eine geographische Landeskunde (Darmstadt 1971).

5 Abdul Kader Rihaoui, Étude préliminaire sur la sauvegarde des monuments dans la région du barrage de l'Euphrate: Annales archéologiques arabes syriennes 15 (1965) 99 ff.

6 M. N. Van Loon, The Tabqa Reservoir Survey 1964 (Damaskus 1967).

ab. Da der Euphratlauf sich in dieser Gegend dem Mittelmeer am meisten nähert, war der Landweg dorthin für Waren, die von Schiffen auf Tragtiere umgeladen wurden, verhältnismäßig kurz. Trotz dieser Kenntnisse und Beobachtungen hatte die archäologische Forschung angesichts einer Fülle anderer Aufgaben das Gebiet oberhalb des Euphratknies bislang vernachlässigt. Die Verpflichtung gegenüber der Vergangenheit und zugleich die Gewißheit, hier Bedeutendes zu retten, führten dazu, daß gemeinsam mit dem syrischen Antikendienst Archäologen aus Belgien, England, Frankreich, Italien, Japan, den Niederlanden, der Schweiz, den USA und der Bundesrepublik Deutschland hier tätig wurden. Sie untersuchten 23 Fundplätze, restaurierten und bargen bedeutende Bauten aus islamischer Zeit. Die Ergebnisse entsprachen den hohen Erwartungen und führten vielfach sogar über diese hinaus[7]. Die wichtigsten Aspekte der ermittelten Regionalgeschichte sollen hier kurz skizziert werden (vgl. hierzu Abb. 4):

Schon um 8500 v. Chr. waren am mittleren Euphrat Jäger und Sammler auf Dauer seßhaft (Muraibit, Abu Huraira)[8]. Sie wohnten in runden Grubenhäusern und ernährten sich von der Jagd sowohl auf Sauen und Damwild in den Pappel- und Tamariskenwäldern der Flußaue als auch auf Steppentiere in den trockeneren Zonen der Terrassen oberhalb des Flusses: Gazellen, Onager und Ure. Hier in der Steppe, die verhältnismäßig viel Regen erhielt, wuchsen auch Gräser, deren Körner geerntet wurden. Zudem lieferte der Fluß ganzjährig Fische und Muscheln. In Muraibit konnte beobachtet werden, wie sich in der 1. Hälfte des 8. Jahrtausends v. Chr. die Nahrungsbeschaffung grundlegend änderte. Man konzentrierte die Jagd auf das besonders ergiebige Großwild der Steppe, auf Onager und Ure und säte seit etwa 7700 v. Chr. Körner von Gräsern in den dorfnahen Feldern aus. Damals wurden auch erstmals Tongefäße hergestellt, deren praktische Verwendung wegen ihrer Seltenheit und der geringen Größe angezweifelt wird.

Wenig später baute man neben den Häusern mit rundem auch solche mit rechteckigem Grundriß, die durch Anbauten erweitert werden konnten. Zugleich wurden die Siedlungen erheblich größer. Schätzt man für Muraibit Schicht III und Schaich Hassan gegen 8000–7600 v. Chr. einen Umfang von 2–3 ha, so nimmt man für Abu Huraira im 7. Jahrtausend v. Chr. bereits ein Vielfaches davon an. In der zweiten Hälfte des 7. Jahrtausends wird dann Keramik für den täglichen Gebrauch hergestellt. Tongefäße ermöglichen erstmals das Kochen flüssiger Nahrung und sie werden auch in anderen Bereichen des Haushaltes vielseitig verwendet.

Nach diesen grundlegenden Erkenntnissen gehört das Forschungsgebiet zu jenen Gegenden, in denen sich eine der entscheidendsten Wandlungen menschlicher Lebensweise vollzog: Seßhaftigkeit und produzierende Wirtschaft setzten sich durch. Die neuen Ergebnisse bieten verläßliche Informationen für die Beurteilung dieses Prozesses.

Ein kleines Dorf mit Rundhäusern aus der 1. Hälfte des 5. Jahrtausends v. Chr. konnte in Schams ad-Din/Tannira untersucht werden. Seine Bewohner stellten schön bemalte Keramik vom bekannten Typ der Halaf-Ware her.

Jünger wiederum sind einige nur durch Scherbenfunde an der Oberfläche ermittelte Ortschaften mit sogenannter Ubaid-Keramik (2. Hälfte des 5. Jahrtausends v. Chr., Anab as-Safina und Hadidi, eine Scherbe in Habuba Kabira). Eine Siedlung der ›Ubaid-Zeit‹ bildete vermutlich die älteste Schicht des Tall Hadj.

Nach diesen vorgeschichtlichen Siedlungen erlebte das mittlere Euphrattal eine besondere Blüte, als es um die Mitte des 4. Jahrtausends v. Chr. in den Interessen- und Einflußbereich der frühen Hochkulturen Südmesopotamiens (Sumer) und Chuzistans (Elam) geriet. Die bereits genannte Handelsroute am Fluß und wohl auch ihre nach Westen und Osten gerichteten Abzweigungen besaßen eine Schlüsselstellung bei der

7 Adnan Bounni, La campagne internationale de sauvegarde des antiquités de l'Euphrate: Archeologia – Trésors des ages 82 (1975) 24 ff. – D. N. Freedman (edit.), Archeological Reports from the Tabqa Dam Project – Euphrates Valley, Syria: Annual of the American Schools of Oriental Research 44 (1979); – J. Margueron, Colloque – Le moyen Euphrate, zone de contacts et d'échanges – Strasbourg 1977.

8 Vgl. hierzu insbesondere die Zusammenfassung bei J. Cauvin, Les premiers villages de Syrie-Palestine du IXème au VIIème millénaire avant J.-C. (Lyon 1978).

Versorgung der großen und reichen Städte im Süden mit Rohstoffen (Metalle, Steine, Bauhölzer) aus Anatolien und dem syrischen Bergland an der Mittelmeerküste. Die befestigte Stadt Habuba Kabira-Süd/Qannas (Abb. 1) war gewiß eine wichtige Handelsstation. Nördlich von ihr lag auf dem ›Djabal Aruda‹, einem Bergmassiv oberhalb des Flußtales, wohl das politische und kultische Zentrum der Region (Abb. 14 Hintergrund rechts und Abb. 54). Scherbenfunde erweisen die Existenz von mindestens zwei flußnahen Siedlungen (Hadj und Hadidi). Unbekannte Ereignisse, die wohl eine Änderung der Handelswege zur Folge hatten, beendeten diese erste Phase städtischer Kultur im mittleren Euphrattal bereits nach etwa 100–150 Jahren.

Darauf folgten mehrere Jahrhunderte, aus denen keine Siedlungsreste festgestellt werden konnten. Es scheint fast so, als hätten die seßhaften Bewohner das Gebiet auf längere Zeit ganz verlassen.

Erst seit der 1. Hälfte des 3. Jahrtausends v. Chr. wurden mehrere Siedlungen neu gegründet (z. B. Salankahiyya, Habuba Kabira-Tall, Munbaqa, Abid, Suwaihat, Hallawa, Fray, Qannas und Hadidi). Regionales Zentrum war im Gebiet um Habuba Kabira das heutige Salankahiyya. Um die Mitte des 2. Jahrtausends v. Chr. waren einige Neugründungen bereits wieder aufgegeben, während sich andere Zentren besonders entwickelten (Munbaqa, Hadidi = Azu, Hadj = Araziqi, Alt-Maskana = Emar, Fray = Yacharischa).

Mit dieser Besiedlungsphase des 3. und 2. Jahrtausends v. Chr. geriet das nordsyrische Euphrattal in das direkte Licht der Geschichte. Mannigfache schriftliche Quellen berichten jetzt über die Ereignisse, von denen es betroffen war. Gehörten die dort ansässigen Stadtherren auch nicht zu den Großen der politischen Szene, so waren sie doch nicht ohne Einfluß. Dies ergab sich zum einen aus der beherrschenden Position an einer internationalen Handelsstraße, zum anderen auch aus der Grenzfunktion, die das Flußtal spätestens seit dieser Zeit gewann. Die Kulturgrenze, die das mehr von Babylon und Assur bestimmte Obermesopotamien vom syrischen Hinterland trennt, ist jetzt auch an manchen Formen von Geräten und Produkten des Kunsthandwerks zu erkennen.

Zum besseren Verständnis der Ereignisse bemüht sich die Forschung darum, die ehemaligen Namen der erkundeten Siedlungen zu ermitteln. Dies ist im Stauseegebiet bisher nur in wenigen Fällen geglückt. Allein in den größeren Zentren des 2. Jahrtausends kamen hier nämlich Tontafeln mit Keilschrifttexten zutage, die Hinweise auf die jeweiligen antiken Ortsnamen bieten. Auf diese Weise ist es gesichert, daß die Ruine von Alt-Maskana-West Emar enthält, den Flußhafen des Königreiches Aleppo aus der Zeit des Hammurapi von Babylon. Allerdings führen uns die dort geborgenen Keilschrifttafeln nicht bis in jene frühe Zeit zurück. Sie stammen erst aus dem 14./13. Jahrhundert v. Chr. Damals stand sowohl Emar als auch das benachbarte Yacharischa, das heutige Fray, unter dem Einfluß des mächtigen Hethiterreiches in Kleinasien. Möglicherweise fanden beide Städte gemeinsam ein gewaltsames Ende bei der Auseinandersetzung zweier Großmächte, Assur und Hatti, als um 1270 v. Chr. der Assyrerkönig Salmanassar I. einen siegreichen Krieg gegen den Hethiter Hattusili III. führte. Hadidi ist im 15. Jahrhundert vermutlich die Stadt Azu, ein regionales Zentrum, und das heutige Hadj mag auf Grund anderer Quellen, auf die wir unten noch zu sprechen kommen, Araziqi gewesen sein. Hier bei Araziqi jagten die assyrischen Könige Tiglatpileser I. (1113–1075 v. Chr.) und Adadnirari II. (909–889 v. Chr.) noch den Ur. Die Jagd auf dieses Wild, die schon den ersten Bewohnern des Tales zu ihrem Lebensunterhalt beigetragen hatte, war inzwischen ein königlicher Sport geworden.

Seit dem späten 2. Jahrtausend v. Chr. scheint die seßhafte Bevölkerung am mittleren Euphrat wieder stark zurückgegangen zu sein. Bisher wurden nur wenige Funde aus dieser Zeit und aus dem anschließenden 1. Jahrtausend v. Chr. bekannt.

Erst nachdem mit der Eroberung durch Alexander den Großen in den Jahren 334–324 v. Chr. die Länder Vorderasiens unter griechischen Einfluß geraten waren, wurden auch am mittleren Euphrat wieder neue Siedlungen gegründet, zumeist auf den Ruinen älterer Niederlassungen.

Vor allem zur Zeit des Römischen und Byzantinischen Reiches war die Besiedlung sehr intensiv. In ganz Syrien wurde das Fruchtland weitmöglichst ausgedehnt und man nimmt an, daß dort in der römischen Kaiserzeit weit mehr Menschen lebten als beispielsweise nach dem Ersten Weltkrieg. Während einer langen Zeit bildete der mittlere Euphrat eine weltpolitisch bedeutsame Grenze zwischen dem Römischen und dem Parthischen bzw. Sassanidischen Reich. Damals wurde in Dibsi Faradj zunächst eine kleine Wegstation begründet, die sich bald zu einer bedeutenden Stadt mit großer christlicher Basilika entwickelte. Erstmals in der 2. Hälfte des 1. Jahrhunderts n. Chr. gab es auf dem Tall Hadj ein römisches Militärlager. Diese Stätte ist vermutlich mit dem Eragiza der Tabula Peutingeriana gleichzusetzen, das dort als Straßenknotenpunkt erscheint. Hier zweigte von der Flußroute ein Weg nach Mambidj (Hierapolis), Aleppo (Chalybon) und Antakya (Antiochia) ab. Leider fehlte es an Zeit, die älteren Schichten des großen und hohen Tall Hadj zu untersuchen, sonst wäre es gewiß auch hier gelungen, Keilschrifttafeln zu finden und aus ihnen den alten Namen zu erfahren. Jetzt müssen wir uns darauf beschränken, den römischen Namen Eragiza rein hypothetisch mit dem ähnlich klingenden Araziqi der Keilschriftquellen gleichzusetzen. Die Schweizer Grabung auf dem Tall Hadj mußte vorzeitig abgebrochen werden, da dort eine Station zur Entnahme von Trinkwasser erbaut wurde.

Aus römischer und byzantinischer Zeit wurden außerhalb der Siedlungen auf den Terrassen beiderseits des Flusses große Friedhöfe gefunden. Bemerkenswert ist vor allem anderen ein unterirdisches Kammergrab in Anab as-Safina, das mit reichem architektonischen und figürlichen Skulpturenschmuck ausgestattet war.

Auch die frühe Zeit des Islam bis zum 14./15. Jahrhundert n. Chr. hat bedeutende Spuren am mittleren Euphrat hinterlassen, vor allem in Alt-Maskana, dem früheren Balis, in Abu Huraira und Qal'at Dja'abar. In diesen Orten waren einige der Baureste noch so gut erhalten, daß der syrische Antikendienst Maßnahmen zu ihrer Rettung traf. Zwei Minarette wurden versetzt, das eine aus Abu Huraira zur neuen Stadt am Staudamm, ath-Thaura, als Symbol für die Leistungen der Vergangenheit im untergegangenen Tal, das andere aus Alt-Maskana auf die Anhöhe oberhalb dieser Stadt. Als einziges Dokument blieb die Zitadelle von

Qal'at Dja'abar von der Überflutung verschont. Sie ist heute eine Insel, zugänglich über einen Damm. Der Kalksteinfelsen, auf dem sie steht, mußte jedoch befestigt werden. Gleichzeitig wurden umfangreiche Restaurierungen vor allem an den mächtigen Umfassungsmauern begonnen. In einem ihrer Türme wird ein Museum der Euphratregion eingerichtet. Das römische Grab von Anab as-Safina ist dort bereits in einem unterirdischen Raum aufgestellt.

Um die Zeit des 15./16. Jahrhunderts ging die Besiedlung des nordsyrischen Euphrattales wieder stark zurück, bis sie nahezu ganz aufgegeben wurde. Nur Nomaden lebten hier gelegentlich in Zelten. Noch im Winter 1897/98 beobachtete Eduard Sachau hier lediglich Zeltniederlassungen[9]. Ähnliches berichtet Walter Andrae über seine erste Reise von Aleppo nach Babylon im Februar 1899[10]: »Die Fruchtbarkeit (des Euphrattales) ist bei der heutigen Wirtschaft nur eine immanente Eigenschaft des Landes, denn bebaut wird es nur an verschwindend wenigen Stellen, weil für die künstliche Hebung des Wassers bzw. die Kanalisierung nichts getan wird, außer wenn der Profit der Regierung, d. h. den obersten Herren des Landes zufließt. Alles Land gehört mit seinen Bewohnern dem Sultan, er kann machen damit, was er will. Jetzt wachsen da in der Hauptsache wilde Tamariskengebüsche in großer Menge oder Dornen und manchmal etwas Gras. Felder haben wir bisher sehr vereinzelt gesehen«. Als englische Forscher im Jahre 1939 eine Oberflächenuntersuchung in Nordsyrien bis in Teile der Talregion ausdehnten, fanden sie dort neben anderen Ansiedlungen auch das Dorf Habuba[11]. Eine intensive Nutzung des bestellten Landes setzte jedoch erst gegen Ende der vierziger Jahre ein. Vor allem der Anbau von Baumwolle erbrachte gute Erträge. Mit der Überflutung des Gebietes infolge des Staudammbaus und der Umsiedlung der meisten seiner Bewohner nach

---

9 E. Sachau, Am Euphrat und Tigris – Reisenotizen aus dem Winter 1897–1898 (Leipzig 1900) 138 f.

10 W. Andrae, Lebenserinnerungen eines Ausgräbers (Berlin 1961) 39.

11 R. Maxwell-Hyslop et al., An Archaeological Survey of the Plain of Jabbul, 1939: Palestine Exploration Quarterly 74 (1942) 36 (Mesherfe = Habuba Kabira und Nas = Qannas).

dem Nordosten des syrischen Staatsgebietes in Ober-mesopotamien brach diese Entwicklung bald wieder ab und wurde damit zu einer nur kurzen Phase in der Geschichte dieses Teils des mittleren Euphrattales.

Die Zusammenschau der Ergebnisse zeigt den reichen Ertrag internationaler Bemühungen nur weniger Jahre. Bereits im November 1974 wurde das Erforschte der Öffentlichkeit in einer gemeinsamen Ausstellung im Museum zu Aleppo dargeboten[12]. Anlaß war die erste Inbetriebnahme des Staudammes nach sechsjähriger Bauzeit und der Abschluß der Grabungsarbeiten in den tiefer gelegenen Gebieten. Diese vom syrischen Antikendienst organisierte, sehr eindrucksvolle Veranstaltung war zugleich aber auch der Auftakt zur wissenschaftlichen Bearbeitung der Befunde, welche die einzelnen Expeditionen noch auf viele Jahre beschäftigen wird.

Von deutscher Seite beteiligte sich an dem internationalen Projekt als einzige die Deutsche Orient-Gesellschaft, die seit ihrer Gründung im Jahre 1898 viele bedeutende Grabungen im Vorderen Orient durchgeführt hat. Es können von ihnen hier nur die wichtigsten genannt werden: Babylon, Assur, Boghazköy, Tall al-Amarna und Uruk. Im übrigen sei der Leser auf einige kürzlich erschienene Schriften hingewiesen, in denen er sich näher über die Tätigkeit der Deutschen Orient-Gesellschaft und über ihre Ziele unterrichten kann[13].

Unter ihrem damaligen Vorsitzenden, Ernst Heinrich, wählte die Deutsche Orient-Gesellschaft im Herbst 1968 zwei alte Siedlungsplätze zur Erforschung aus: Habuba Kabira auf dem rechten Flußufer und etwas oberhalb davon Munbaqa auf der gegenüberliegenden mesopotamischen Seite (vgl. Abb. 4). Ernst Heinrich begründete die Entscheidung folgendermaßen[14]: »In Habuba liegen offenbar Schichten, die uns interessieren, nämlich solche aus der ersten Hälfte des zweiten Jahrtausends, dicht unter der Oberfläche, und darunter sind ältere Schichten, mindestens bis ins vierte Jahrtausend hinein zu vermuten. Der Hügel ist nicht so groß, daß er nicht in der gegebenen Zeit genügend untersucht werden könnte, und nicht so klein, daß die Untersuchung nicht lohnend wäre. Nach Tell Qannas und Salankahia, die schon von anderen Missionen belegt waren, ist Habuba für die von

uns gesuchten Kulturen der Fundplatz, der am meisten verspricht. Dabei erscheint uns der Umstand, daß hier drei einander benachbarte Hügel zugleich untersucht werden, ein besonderer Vorteil zu sein, weil sich dabei eine breite Basis für die Beurteilung der Rolle, die diese Gegend im dritten und zweiten Jahrtausend in der Geschichte Vorderasiens gespielt hat, ergeben kann. Schließlich wird die Nähe eines Pumpwerkes, wo gefiltertes Wasser zu haben ist, die Lebensführung am Ort sehr erleichtern.«

Nachdem die Stiftung Volkswagenwerk das Projekt in ihre Förderung übernommen hatte, konnten die Ausgrabungsarbeiten im Frühjahr 1969 beginnen.

Neun Kampagnen wurden in Habuba Kabira durchgeführt; die letzte fand im Herbst 1975 statt, kurz bevor im Frühjahr 1976 das Wasser des Stausees den betreffenden Talabschnitt erreichte und ihn damit weiterer Erforschung entzog. Die Ergebnisse dieser wenigen Jahre waren sehr reichhaltig, zum Teil aufsehenerregend[15]:

An der Fundstelle Habuba Kabira-Süd wurde eine Stadt aus der Mitte des 4. Jahrtausends v. Chr. gefunden, die zum großen Kreis der ältesten Schriftkulturen Sumers und Elams gehörte (Abb. 1). Ihre Mauer ist unter den bisher erforschten Befestigungen die älteste ihrer Art; nirgends auf der Welt wurde derartiges aus früherer Zeit aufgedeckt. Es wurden ferner ausgedehnte Wohnviertel freigelegt und in ihnen die Reste des Hausinventars, handwerklicher Tätigkeiten sowie Zeugnisse des Handels und des Wirtschaftslebens gefunden.

Die andere Fundstelle im Forschungsgelände, Habuba Kabira-Tall (Abb. 2), erwies sich zwar nur als eine kleinere und wesentlich einfachere Ansiedlung aus

12 Antiquités de l'Euphrate – Exposition des découvertes de la campagne internationale de sauvegarde des antiquités de l'Euphrate – Musée National d'Alep (Aleppo 1974).

13 E. von Schuler, Siebzig Jahre Deutsche Orient-Gesellschaft: MDOG 100 (1968) 6 ff. – W. Nagel, Die Deutsche Orient-Gesellschaft: Rückblick 1976: MDOG 108 (1976) 53 ff.; – Seit 1898 im Dienste der Forschung – Die Deutsche Orient-Gesellschaft [1978].

14 E. Heinrich, MDOG 101 (1969) 28 ff., insbesondere 34 f.

15 Vorläufige Veröffentlichungen erschienen in den MDOG 101 (1969) 102 (1970), 103 (1971), 105 (1973), 108 (1976).

dem 3. und dem frühen 2. Jahrtausend v. Chr., aber auch sie erbrachte Interessantes zum handwerklichen und kunsthandwerklichen Schaffen, zur Technologie, zur Tradition der Formen und schließlich zu den baulichen Anlagen in ihrem Wandel über eine lange Zeit. – Von beiden Fundplätzen wird hier das wichtigste dargestellt.

In Munbaqa, dem anderen Grabungsort der Deutschen Orient-Gesellschaft, wird noch weitergearbeitet. Diese gewiß nicht unbedeutende befestigte Stadt liegt wesentlich höher und ist noch so lange ungefährdet, bis der Staudamm in einer geplanten Ausbauphase erhöht und der See entsprechend weiter aufgestaut wird. Mit einer zusammenfassenden Berichterstattung müssen wir bis zur Beendigung der Feldarbeit und bis zur Teilung der Funde warten.

2. Eine Ausgrabung im Ausland

Archäologische Ausgrabungen werden unter verschiedenen Gesichtspunkten unternommen. Wir haben oben bereits gesehen, wie dies zur Rettung gefährdeter Altertümer geschehen kann. Es gibt aber auch andere Anlässe:

Zum einen können es Zufallsfunde sein, die so bedeutend sind, daß sie zu einer anschließenden wissenschaftlichen Erforschung führen. So kam es zum Beispiel zu den französischen Ausgrabungen in Tall Hariri, der alten Stadt Mari, am mittleren Euphrat wenig oberhalb der syrisch-irakischen Grenze:

Anläßlich einer Inspektionsreise im August 1933 bemerkte der in Abu Kamal stationierte Leutnant Cabane auf dem nahen Tall Hariri eine Gruppe von Beduinen, die Steine zum Abdecken eines Grabes ausgruben. Nur wenige Tage später wurde ihm gemeldet, dabei sei eine menschliche Figur gefunden worden. Eine Ortsbesichtigung zeigte, daß es sich um das kopflose Fragment einer großen Steinstatue handelte, deren Unterkörper mit einem Schuppenmuster überzogen und demnach als felsiger Berg gekennzeichnet war. Es handelt sich folglich um ein mythisches Wesen. Der Leutnant ließ das Bildwerk sofort nach Abu Kamal bringen und meldete den Fund der Antikenbehörde. Heute gehört die ›Statue Cabane‹ zum wertvollen Be-

sitz des Aleppiner Museums. Die französischen Nationalmuseen beantragten daraufhin umgehend die Konzession für Tall Hariri und begannen dort schon am 14. Dezember desselben Jahres mit Grabungen, die bis auf den heutigen Tag sehr erfolgreich waren[16].

Zum anderen können es bestimmte wissenschaftliche Probleme sein, deren Lösung man durch eine gezielte Ausgrabung erstrebt. Es kann sich zum Beispiel um die Lokalisierung und Erforschung von Städten handeln, die zwar aus der historischen Überlieferung bekannt, jedoch noch nicht wiedergefunden sind. So hat die Suche nach Waschschukanni, der Hauptstadt des nordmesopotamischen Mitanni-Reiches um die Mitte des 2. Jahrtausends v. Chr., zu verschiedenartigen Bemühungen geführt. Man vermutete, der jüngere Name der Stadt wäre im 1. Jahrtausend v. Chr. ›Sikani‹ gewesen. Dieses Sikani wiederum vermutete man im heutigen Tall Fachariyya und in eben diesem Tall wurde nun im Jahre 1979 zufällig bei Erdarbeiten eine etwa lebensgroße Männerstatue freigelegt, die laut Inschrift im 8. Jahrhundert v. Chr. dem Gott Hadad von Sikani geweiht worden ist. Hierdurch ist neues Licht auf eine alte Frage gefallen, diese damit jedoch keineswegs gelöst. Denn erstens ist die Gleichsetzung von Wachschukanni mit Sikani noch unbewiesen und zum andern ist es nicht gesichert, ob der Fundplatz der Statue tatsächlich ihr ursprünglicher Aufstellungsort war. Es geschah nämlich gelegentlich, daß bedeutendere Monumente von einer Stadt in eine andere verschleppt wurden. Nur eine sorgfältige Ausgrabung der Fundstelle könnte diese Seite der Frage lösen, sofern die erwähnten Erdarbeiten nicht jeden Zusammenhang zerstört haben.

Allgemeines Ziel von Ausgrabungen ist es, Kulturentwicklung und Lebensformen im Altertum zu ermitteln. Hierzu fördern sie eine Fülle unterschiedlicher Quellen zutage, die von den Wissenschaftlern auszuwerten und in den Rahmen der jeweiligen Kenntnisse einzuordnen sind. Es handelt sich dabei einmal um ›gefertigte Hinterlassenschaften‹ wie die Architektur (Siedlungen, Gebäude), Friedhöfe und die sogenannten ›Kleinfunde‹ (Keramik, Werkzeuge, Waffen, Sie-

---

16 A. Parrot, Les fouilles de Mari: Syria 16 (1935) 1 ff.

gel, beschriftete Tontafeln, Schmuck und Werke der bildenden Kunst), zum anderen um die ›natürlichen Reste‹ von Tieren und Pflanzen sowie die im Altertum verwendeten Rohstoffe, aber auch die zum Ackerbau genutzten Böden und dergleichen mehr.

Es ist eine lange Tradition in einigen nichtorientalischen Ländern, sich an der Erforschung der alten Kulturen Vorderasiens theoretisch und praktisch zu beteiligen. Die ersten großen Grabungen um die Mitte des 19. Jahrhunderts in Assyrien wurden von Engländern und Franzosen begonnen. Andere Nationen folgten später, und seit dem Entstehen der modernen orientalischen Staaten nach dem Ersten Weltkrieg betreiben auch diese mit steigender Intensität die Feldforschung in ihren Gebieten. Nebenbei wird jedoch die ausländische Beteiligung aufrechterhalten, nicht nur im Falle von Notprojekten, sondern auch bei Forschungen, die aus anderen Gesichtspunkten durchgeführt werden und nicht so sehr unter Zeitdruck stehen. Angesichts des unermeßlichen Reichtums kulturgeschichtlicher Denkmäler aller Art ist eine internationale Zusammenarbeit der einzige Weg, den sehr vielfältigen Erfordernissen gerecht zu werden. Aus der Sicht der beteiligten Ausländer basiert dieser konzentrierte Einsatz auf der Tatsache, daß es sich bei den zu erforschenden Kulturen um Teile der eigenen Vergangenheit handelt, denn die wichtigsten Kulturgüter und technischen Fertigkeiten, die heute die europäische und die Weltzivilisation bestimmen, wurden vor Jahrtausenden im Orient entwickelt oder erfunden: Ackerbau, Viehzucht, Metallverarbeitung, das Rad, die Schrift und vieles andere. Zwar waren anfangs, in den ersten Phasen der Forschungsgeschichte, auch die Belange der Museen von Wichtigkeit, die Ausgrabungen neben anderem deshalb veranstalteten oder unterstützten, weil sie ihre Sammlungsbestände erweitern wollten. Dieser Anreiz ist jedoch inzwischen weitgehend ausgeschaltet; die modernen Gesetze bestimmen nämlich, daß alle Fundstücke im Lande verbleiben. Dadurch soll eine kommerzielle Ausbeutung der Altertümer, ihre Beschädigung und Zerstörung verhindert und ihre wissenschaftliche Erforschung sowie ihre sachkundige Restaurierung gesichert werden. Die gesetzlichen Bestimmungen der orientalischen Staaten sind einander recht ähnlich.

Sie entsprechen weitgehend den in europäischen Staaten gültigen.

Nach dem derzeitigen Antikengesetz vom 26. 10. 1963 werden in der Syrisch-arabischen Republik grundsätzlich alle beweglichen und unbeweglichen Kulturgüter, die älter als 200 Jahre sind, als Altertümer geschützt. Auch jüngere können in besonderen Fällen unter den Schutz des Gesetzes gestellt werden.

Alle diese Altertümer sind ebenso wie archäologische Fundstellen Staatseigentum mit Ausnahme solcher, die durch gültige Dokumente als persönlicher Besitz ausgewiesen und bei der Antikenbehörde registriert sind – es sei denn, diese Behörde hält eine Registrierung nicht für notwendig. Die Antikenbehörde darf historische Monumente und Ruinengelände gegen angemessene Entschädigung enteignen.

Auf registriertem Ruinengelände darf nicht gebaut und ohne Genehmigung nicht gepflanzt oder ein Friedhof angelegt werden. Die Wiederverwendung von Material antiker Bauten ist verboten. Die Antikenbehörde kann Ruinengelände gegen angemessene Entschädigung evakuieren lassen.

Eigentümer registrierter Bauten dürfen diese nicht ohne Zustimmung der Antikenbehörde restaurieren oder verändern. Bei genehmigten Renovierungsarbeiten kann die Antikenbehörde einen finanziellen Beitrag zu den Kosten leisten.

Der Eigentümer ist nicht berechtigt, Bodenaltertümer oder Reste historischer Bauten von seinem Land zu entfernen; auch darf er keine Ausgrabungen zum Auffinden von Antiken veranstalten. Es ist verboten, Altertümer zu beschädigen oder zu verändern.

Bei der Stadtplanung sind historische Bauten und Altertümer zu bewahren. Die Stadtverwaltungen dürfen keine Baugenehmigung in der Umgebung solcher Denkmäler erteilen, ohne vorher die Zustimmung der Antikenbehörde einzuholen. Es muß sichergestellt sein, daß sich die neuen Bauten harmonisch einfügen. Es ist verboten, Schwerindustrie und militärische Einrichtungen im Umkreis von einem halben Kilometer um historische Plätze anzulegen.

Wer ein historisches Monument oder eine Antike entdeckt oder von einer solchen Entdeckung erfährt, muß dies innerhalb von 24 Stunden der nächsten Verwaltungsbehörde melden, die dann die Antikenbehörde verständigt. Der Finder erhält eine angemessene Belohnung. Will das Museum eine Antike nicht übernehmen, so wird diese nur registriert, bleibt jedoch im Besitz des Finders.

Antiken im Besitz der Museen können nicht verkauft oder verschenkt werden; dies kann nur in Ausnahmefällen bei reichlich vorhandenen Objekten geschehen; auch können Antiken mit anderen Museen getauscht werden.

Privatsammlungen müssen der Antikenbehörde vorgelegt werden, damit diese die bedeutenderen Stücke registrieren kann. Der Besitzer registrierter Antiken ist für ihre Erhaltung verantwortlich; er darf sie jedoch nicht ohne Erlaubnis restaurieren. Gehen Sammlungsstücke oder historische Bauten in andere Hände über, so ist dies der Antikenbehörde umgehend zu melden. Der Transport von Antiken zu einem anderen Ort bedarf der Genehmigung.

Der Handel mit Antiken ist nur mit offizieller Erlaubnis gestattet. Der Händler, der Altertümer aufkauft, muß diese innerhalb von 3 Tagen der Antikenbehörde vorlegen. Sie hat das Vorkaufsrecht und entscheidet, welche Objekte registriert werden müssen und welche der Händler ohne Auflagen weiterverkaufen darf.

Die Ausfuhr von Antiken bedarf der Genehmigung. Die Antikenbehörde veranlaßt Maßnahmen, die notwendig sind, um illegal ausgeführte Altertümer zurückzuerhalten. Ebenso bemüht sie sich darum, daß illegal eingeführte Objekte dem entsprechenden Staat zurückgegeben werden.

Die Antikenbehörde ist als einzige berechtigt, archäologische Ausgrabungen und sonstige Feldforschungen zu veranstalten. Sie kann diese Rechte jedoch anderen Institutionen übertragen, sofern diese eine ausreichende wissenschaftliche Kompetenz besitzen und zugleich über die nötigen Finanzmittel verfügen. Eine nicht autorisierte Person darf solche Untersuchungen nicht durchführen, auch nicht auf eigenem Boden.

Zu den Verpflichtungen der Institutionen, die Ausgrabungen veranstalten, gehört es, einen offiziellen Vertreter der Antikenbehörde an der Arbeit zu beteiligen und ihn über alle Funde genau zu orientieren. Sie müssen ferner die Kosten für eine ganzjährige Bewachung tragen. Auch die Information über die Ergebnisse ist gesetzlich geregelt: Am Ende jeder Kampagne

ist ein zusammenfassender Bericht samt Photoalbum mit kurzen Erklärungen vorzulegen. Spätestens ein Jahr nach jeder Kampagne ist ein detaillierter wissenschaftlicher Aufsatz publikationsreif der Antikenbehörde zu übergeben, und schließlich ist die Antikenbehörde berechtigt, fünf Jahre nach Abschluß der Arbeiten, falls die Endpublikation noch nicht vorliegt, die Funde selbst zu veröffentlichen oder die Rechte zur Bearbeitung weiterzugeben.

Alle Fundstücke einer Grabung sind Staatseigentum. Dennoch kann zur allgemeinen Bekanntmachung der alten Kulturen Syriens und als Anreiz für ausländische Institutionen, sich an der Erforschung des Landes zu beteiligen, diesen eine beschränkte Anzahl von Objekten übereignet werden. Die betreffende Institution ist dann verpflichtet, die Fundstücke möglichst bald für eine gewisse Zeit öffentlich auszustellen.

Wer archäologische Feldforschung betreiben möchte, benötigt demnach als erstes eine Genehmigung der zuständigen Antikenbehörde. Eine solche Konzession wird nur Fachleuten mit entsprechender Qualifikation gewährt. Sie ist auch dann erforderlich, wenn lediglich eine Geländebegehung zur Erkundung eines Gebietes und zum Aufsuchen antiker Ruinenstätten durchgeführt werden soll.

Solche Geländebegehungen waren es zum Beispiel, die 1963 und 1964 das Staudammprojekt vorbereiteten. Dabei wurde die gesamte Region nach alten Siedlungsplätzen und sonstigen Spuren menschlicher Anwesenheit in vergangenen Zeiten abgesucht.

Länger besiedelte Orte sind zumeist an der Oberfläche als mehr oder minder hohe Erhebungen zu erkennen. Ein solcher Ruinenhügel (= arabisch ›Tall‹ = Abb. 2.3) entsteht durch den Verfall von Lehmziegelhäusern. Luftgetrocknete Lehmziegel sind nahezu seit Beginn dauernder Seßhaftigkeit das meistverwendete Baumaterial im Vorderen Orient. Wird ein Haus von seinen Bewohnern verlassen, so werden die wertvollen Dachbalken sowie die hölzernen Teile von Türen und Fenstern entnommen. Die Mauern jedoch bleiben dem natürlichen Verfall überlassen (Abb. 6) oder sie werden planiert, um auf ihnen ein neues Haus zu errichten. In jedem Fall hinterläßt ein Lehmziegelhaus einen höheren Schuttberg als etwa ein Haus aus Holz, dem häufigsten Baumaterial im vorgeschichtli-

Abb. 6 Muraibit, eine verlassene Ortschaft am nordsyrischen Euphrat

chen Europa. In langlebigen Siedlungen legen sich viele Schichten solcher Lehmziegelhäuser übereinander. Sie bestehen zumeist aus zusammengestürztem, eingeebnetem und verwittertem Baumaterial, enthalten aber auch noch Reste der alten Baustrukturen und sie schließen Überbleibsel vom Hausrat und sonsti-

gem Besitz der Bewohner mit ein (vgl. Abb. 62 und 63).

In einer vorderasiatischen Kulturlandschaft mit einer langen Geschichte erkennt man daher viele ehemalige Siedlungsplätze auf den ersten Blick. Auf der Oberfläche der Talls findet man mancherlei Spuren der materiellen Kultur aus alter Zeit, insbesondere Scherben von Tongefäßen. Sie stammen nicht nur von der obersten, also der jüngsten Siedlungsschicht, sondern sie kommen auch aus den älteren Lagen zutage. Dies geschieht vor allem an den Hängen durch Regen- und Winderosion oder auch, wenn in jüngeren Bauten Lehm aus älteren Schichten verwendet worden ist. Aus der Art der Scherben, ihren Formen und Verzierungen kann der Archäologe das ungefähre Alter erkennen und somit auf die Besiedlungszeiten eines Talls schließen.

An anderen Stellen zeugen keine Erhebungen, sondern nur Oberflächenfunde von alten Siedlungsplätzen. Ihre Dauer mag dann sehr kurz gewesen sein oder die Erosion hat inzwischen die Baureste so weit abgetragen, daß sie sich nicht mehr an der Oberfläche abzeichnen bzw. ganz verschwunden sind. Solche Plätze sind weitaus schwerer und nur bei einer sorgfältigen Begehung aufzufinden. Im Zeitalter des Automobils entgehen sie den meist motorisierten Archäologen eher als dies in dem vorausgegangenen Zeitalter des Pferdes geschehen konnte.

Eine regionale Erkundung nach Spuren an der Oberfläche steht im allgemeinen am Anfang eines größeren Forschungsprojektes. Die ermittelten Daten können dann dazu dienen, aus der Fülle der Möglichkeiten einen Ort für eine intensivere Untersuchung durch Ausgrabung auszuwählen. Die zu einer solchen Entscheidung führenden Gesichtspunkte sind unterschiedlicher Art. Es geht zum einen darum, welches Objekt den in der Vorausplanung gestellten Anforderungen am meisten entspricht, sowohl hinsichtlich der Größe und seiner ungefähren Zeitstellung wie der geopolitischen Lage – etwa an einem Handelsweg. Beachtet wird aber auch das Ausmaß jüngerer Überbauung und jüngerer Störungen, die besonders häufig von Friedhöfen verursacht werden (Abb. 2). Zum anderen dürfen die gegenwärtigen Lebensbedingungen im Bereich eines längerfristigen Forschungsobjektes nicht übersehen werden, gilt es doch, eine größere Gruppe von Menschen über eine längere Zeit mit Trinkwasser und Nahrungsmitteln zu versorgen und ein ausreichendes Angebot an Arbeitskräften aus der näheren Nachbarschaft zu haben.

Wer sich dann für einen bestimmten Grabungsort entschieden hat, muß bei der Antikenbehörde des Gastlandes eine Konzession beantragen und sich zugleich um die nötigen Geldmittel bemühen.

Für Grabungsobjekte gibt es in der Bundesrepublik Deutschland verschiedene Möglichkeiten der Finanzierung: Staatliche, wie die Klassenlotterie, oder private, wie die Deutsche Forschungsgemeinschaft e.V. und verschiedene Stiftungen.

Nach eigener Formulierung hat zum Beispiel die Deutsche Forschungsgemeinschaft als zentrale Forschungsförderungsorganisation in der Bundesrepublik Deutschland folgende Aufgaben: a) sie gibt für Forschungsvorhaben finanzielle Unterstützungen, b) sie fördert die Zusammenarbeit der Forscher, c) sie berät die Behörden in wissenschaftlichen Fragen, d) sie pflegt die Beziehungen der deutschen Forschung zur ausländischen Wissenschaft und die Verbindung zwischen Wissenschaft und Wirtschaft, e) sie bemüht sich um die Förderung und Ausbildung des wissenschaftlichen Nachwuchses. Die Forschungsgemeinschaft ist eine Selbstverwaltungskörperschaft der deutschen Wissenschaft, die sich ihre Satzung selbst gibt und die wissenschaftlichen Mitglieder ihrer Organe frei wählt. Sie ist weder Behörde noch Körperschaft des öffentlichen Rechts, sondern Verein des bürgerlichen Rechts. Die Forschungsgemeinschaft vergibt Sachbeihilfen, Stipendien und Forschungsbeihilfen, Reise- und Druckbeihilfen. Außerdem fördert sie die wissenschaftlichen Bibliotheken bei der Erfüllung ihrer Aufgaben. Sie erhält ihre Mittel vom Bund, von den Ländern und vom Stifterverband für die Deutsche Wissenschaft.

Die Stiftung Volkswagenwerk ist eine privatrechtliche Stiftung zum Zweck der Förderung von Wissenschaft und Technik in Forschung und Lehre. Sie wurde im Jahre 1961 von der Bundesrepublik Deutschland und dem Land Niedersachsen gegründet. Die Förderungsmittel stammen in erster Linie aus den Erträgen des Stiftungskapitals und aus dem Aktienbesitz am Grundkapital der Volkswagenwerk AG. Sie unterstützt Projekte nur im Rahmen wechselnder Förderungsschwerpunkte, wie z. B. ›Archäometrie‹ oder ›Erfassen, erschließen, erhalten von Kulturgut‹.

Für eine Ausgrabung werden Personal- und Sachmittel benötigt. Aus den Personalmitteln müssen die Ge-

Abb. 7 Hof des Expeditionshauses, gezeichnet von Walter Karnapp 1973

hälter, Versicherungen und Reisen der Expeditionsmitglieder (Archäologen, Architekten, Philologen, Naturwissenschaftler, Zeichner, Photographen), das Trennungsgeld für den Kommissar vom Antikendienst des Gastlandes, das Gehalt des ganzjährigen Wächters sowie die Löhne der einheimischen Arbeiter, des Kochs, der Wasch- und Backfrau bezahlt werden. Hinzu kommen die Kosten für die Unterbringung und Verpflegung. Aus Sachmitteln werden die Kosten der Werkzeuge und Grabungsgeräte, der Kleinfundbearbeitung, der Photographie und Transporte sowie des Drucks der Veröffentlichung bestritten. Eine Kampagne in Habuba Kabira kostete zwischen 80 000 und 130 000 DM. In der höheren der beiden Summen waren z. B. 35 000 DM zur Entlohnung von 80 Arbeitern über eine Zeitspanne von 12 Wochen enthalten. Eine Grabungskampagne im Orient erstreckt sich gewöhnlich über zwei bis drei Monate. Ihre Dauer wird durch das Arbeitsprogramm und die verfügbaren Geldmittel bestimmt. Da bei den Gesamtkosten die Reiseaufwendungen ein nicht unbeträchtlicher Faktor sind, ist es wirtschaftlicher, die Feldarbeit auf eine längere Zeit auszudehnen. In Habuba Kabira waren wir deshalb zumeist etwa drei Monate tätig, von Anfang August bis gegen Ende Oktober.

Nach Ankunft der Expeditionsmitglieder am Grabungsort muß zunächst das Lager eingerichtet werden. In Habuba Kabira bestand dieses anfangs nur aus Zelten. Zum Schlafen dienten kleine Einzelzelte mit Moskitonetz und Gummiboden, mit Vorrichtungen also, die das Eindringen von Skorpionen und Schlangen verhindern sollten, leider jedoch sehr unangenehmen Quälgeistern, den Sandfliegen, kein Hindernis boten. Zum Arbeiten, Kochen und Essen mieteten wir drei große Zelte in Aleppo. Wetterbedingungen, die das Leben in Zelten auf längere Zeit als annehmlich erscheinen lassen, gibt es in Vorderasien nicht. Daher begannen wir noch im ersten Jahr mit dem Bau von Lehmziegelräumen, bis wir schließlich zwei Arbeitszimmer, eine Kranken- und Gästestube, eine Dunkelkammer, Küche, Waschräume und Toiletten besaßen (vgl. Abb. 62). Hinzu kam das Haus für den ganzjährigen Wächter und seine Familie. Alles dieses war um einen Hof gruppiert, in dessen Mitte ein Miniaturgarten grünte (Abb. 7). Leider mußten wir dieses aus unserer Sicht recht komfortable Lager vorzeitig räu-

Abb. 8   Arbeitsplatz einer Archäologin

men, denn bereits im Frühjahr 1975 wurde sein Standort überschwemmt. Für die letzte Kampagne im Herbst 1975 mieteten wir ein höher gelegenes Gehöft, in dem wir uns provisorisch einrichteten.

Die Wasserversorgung ließ sich verhältnismäßig leicht regeln. Unser VW-Kombi erhielt einen Anhänger, auf dem acht 60-Liter-Tanks Platz haben. Sie wurden je nach Bedarf ein- oder zweimal täglich an der nur wenige Kilometer entfernten Wasserstation gefüllt, dort, wo das Trinkwasser für die Stadt Aleppo

Abb. 9   Meister Djim'a präpariert eine Mauer

dem Fluß entnommen wurde. Euphratwasser gilt bei den Bewohnern der Gegend als besonders schmackhaft.

In den ersten Tagen hat jeder Mitarbeiter seinen ›Arbeitsplatz‹ einzurichten (Abb. 8). Der Architekt muß die Grabungsstelle vermessen, der Archäologe einen sogenannten ›Scherbengarten‹ anlegen, in dem später die stets sehr zahlreichen Keramikfunde systematisch sortiert werden können, der Photograph muß mit viel Improvisationsgabe sein ›Feldlabor‹ funktionstüchtig machen, die Apotheke wird geordnet, das Gerät für die Arbeiter überprüft, repariert und ergänzt.

Gleich nach Ankunft am Grabungsort wird der Termin zur Registrierung der Arbeiter bekanntgegeben. In Habuba Kabira konnten wir niemals alle, die zur Grabungstätigkeit bereit waren, einstellen. Aber nur in der ersten Kampagne war unsere Auswahl der Arbeiter willkürlich. Später nahmen wir vorrangig jene, die sich in der voraufgegangenen Saison bewährt hatten. So bildete sich eine größere Gruppe von Fachleuten heraus, deren spezielle Fähigkeiten gezielt eingesetzt werden konnten. Wer es gelernt hatte, die schwer erkennbaren Lehmziegel vom umliegenden Schutt zu unterscheiden, wurde zum ›Meister‹ ernannt (Abb. 9). Waren in der ersten Kampagne die komplizierten Feinarbeiten ausschließlich von uns selbst ausgeführt worden, so konnten wir sie später zunehmend den Meistern anvertrauen. Diese bildeten dann weitere Arbeiter aus. Nicht jeder erreichte eine gleiche Perfektion. Spitzenleistungen erbrachten nur wenige. Ihnen stand jedoch schließlich eine größere Gruppe gelernter Hilfskräfte zur Verfügung. Der wissenschaftliche Stab war damit merklich entlastet und konnte sich auf seine eigentlichen Aufgaben konzentrieren.

Die Arbeiter sind stets in kleineren Gruppen tätig, deren Größe von dem jeweiligen Programm abhängt. Ihre Vorarbeiter sind die eigentlichen Ausgräber. Sie haben den Boden zu lockern, je nach Anweisung mit der großen Spitzhacke (Abb. 10), einer kleinen Hacke, einer Kelle oder einer Eisennadel (Abb. 9). Die zugeordneten Arbeiter müssen die Erde entfernen, wozu sie Schaufeln, Körbe und Schubkarren benutzen. Ihre Zahl ist abhängig von dem Gerät des Vorarbeiters sowie der Art und Länge des Weges zur Schutthalde.

Da den besten Meistern die schwierigsten Arbeiten übertragen werden, ist ihre Gruppe im allgemeinen die kleinste.

Alle Mitarbeiter des Grabungsstabes sind Spezialisten. In der Grabung selbst sind vor allem die Architekten und Archäologen tätig. Der Photograph kann seine Außenaufnahmen nur bei günstigem Licht um die Zeit von Sonnenauf- und -untergang anfertigen. Sonst ist er mit der Aufnahme der Einzelobjekte und Laborarbeiten beschäftigt. Die Registrierung, das Zeichnen und die wissenschaftliche Bearbeitung der Kleinfunde findet ebenfalls im Lager statt (Abb. 8). Der offizielle Kommissar des syrischen Antikendienstes hat ein Fundregister in arabischer Sprache zu führen und seiner Behörde über den Fortgang der Arbeiten zu berichten. Neben den eigenen Arbeiten muß jedes Mitglied eines Grabungsstabes bereit sein, den Kollegen bei Engpässen zu helfen und Gemeinschaftsaufgaben zu übernehmen: Wasser holen, Einkaufen, Gäste bewirten und führen, Kochen, Erste Hilfe leisten, Zelte reparieren und dergleichen mehr. Gemeinschaftssinn und Vielseitigkeit sind Voraussetzungen für eine erfolgreiche Grabungsteilnahme.

Der Tageslauf in einer Grabung wechselt mit den klimatischen Bedingungen. Der erste Monat, der August, war in Habuba Kabira besonders hart, denn nicht selten stieg das Thermometer auf 40 Grad im Schatten – Schatten aber gibt es in der Grabung allenfalls unter einem Sonnendach (vgl. Abb. 14 Hintergrund links), das man allzu oft verlassen muß. Morgens um 6 Uhr begann die Arbeit bei 19°, doch schon nach der halbstündigen Frühstückspause von 9 bis 9.30 Uhr mußte man sich bei etwa 26 Grad auf die Hitze einstellen und wenn um 12 Uhr die erste Schicht zu Ende ging, bestätigte dem Heimgekehrten im Lager ein Blick auf das Thermometer, daß er nicht ohne Grund schwitzte: etwa 33–36 Grad. Der tägliche Höhepunkt war damit noch nicht erreicht. Dies geschah erst gegen 15 Uhr, und wenn um 16 Uhr die Nachmittagsschicht begann, machte sich noch keine Erleichterung bemerkbar, nur die Gewißheit, daß die extreme Hitze bald überstanden sein würde. Mit Sonnenunter-

Abb. 10 *(rechts)*   Meister Humaidi lockert den Oberflächenschutt

gang sinken die Temperaturen überraschend schnell. Auf dem Lande genießt man die Abendkühle bereits, wenn in den Straßen der Stadt die Hitze noch lange brütet. Im August lagen die Nachttemperaturen zwischen 16 und 22 Grad.

Wenn dann die schlimmste Hitzeperiode überstanden war, wurde möglichst bald – so gegen Anfang September – eine durchgehende Arbeitszeit von 6–14 Uhr eingeführt. Dann konnte jeder die Nachmittagsstunden ungestört zur Aufarbeitung der Befunde verwenden. Es entstanden jedoch bald neue Probleme: Die Tage werden merklich kürzer und die Zeit der Helligkeit wird immer knapper. Zudem gibt es gegen Mitte Oktober die ersten heftigeren Regenfälle. So geschah es Ende der Kampagne nicht selten, daß abends beim Licht aufpumpbarer Gaslampen draußen in der Grabung noch gezeichnet wurde. Es gibt eben keine ideale Jahreszeit für die archäologische Feldarbeit, weder in Europa noch im Orient.

Ebenso hat der Wind gute und böse Seiten. Er beginnt meist morgens zwischen 8 und 9 Uhr und ist zeitweise angenehm wegen seiner kühlenden Wirkung. Dort aber, wo Arbeiter den stets ausgetrockneten lehmigen Schutt bewegen, wirbelt er diesen hoch. Staub legt sich auf alles, auf die schön ›geputzten‹ Grabungsflächen, auf die Zeichenbretter, so daß kein feiner Strich mehr gezogen werden kann, und auf die Menschen, deren Augen sich entzünden. Manchmal wirbelt der Wind aber nicht nur lokalen Arbeitsstaub hoch, sondern er führt von fernerher Sandpartikel mit sich; er wird zum Staubsturm. Wie ein dichter Nebel liegt er über dem Land, und es bleibt keine andere Wahl, als die Arbeit einzustellen.

Für den Stab ist erst ein Teil der Aufgaben erledigt, wenn um 18 oder 14 Uhr die eigentliche Grabung endet. In den verbleibenden Nachmittags- und Abendstunden wird die Dokumentation des Gefundenen vervollständigt (Abb. 11) und es werden vorzugsweise auch solche Tätigkeiten verrichtet, die eine stärkere Konzentration verlangen. Einen Achtstundentag gibt es nur für die einheimischen Arbeiter.

Der Grabungsalltag enthält keine Sensationen. Die Befunde bestehen aus Mauerstücken, Körben voll Scherben, Mengen von Spinnwirteln und zerschlagenen Tierfiguren aus Terrakotta, Flintklingen, Perlen und dergleichen. Auch die unansehnlichsten Objekte verlangen jedoch eine sorgfältige Bearbeitung, denn alles, was bei einer Grabung unternommen oder gefunden wird, muß einheitlich dokumentiert und durch eine Systematik in eine gemeinsame Ordnung gebracht werden. Oberstes Ziel dieser Systematik ist es, aufeinanderfolgende Schichten der Besiedlung festzustellen und die Funde diesen Schichten genau zuzuweisen. Alle Beobachtungen und Funde werden vermerkt. Hierzu gibt es ein festgelegtes Instrumentarium aus Tagebüchern, Zeichnungen der Schichten und Schnitte sowie Zeichnungen, Photographien und Karteikarten der Kleinfunde. Aus allen Einzelheiten ergibt sich später das Gesamtbild, das ›interessante Ergebnis‹.

Die gewiß wenig attraktive Seite des Alltags wird allzuoft übersehen. Das Abenteuerliche beschränkt sich im allgemeinen auf einige Bereiche der Lebensbedingungen, das Wetter zum Beispiel, das mit Staubstürmen, durch Umreißen der Zelte, durch Regenfälle Unordnung in den streng geregelten Tageslauf bringt. Ein besonderes Ereignis ist es zudem, wenn der Koch kündigt, Besuch kommt oder wenn im Dorf eine Hochzeit ist.

Allerdings gibt es auch den ›Tag, an dem wir die ersten Tontafeln fanden‹ und den ›Tag, als wir auf den ersten Abschnitt der Stadtmauer trafen‹. Es folgten dann aber wieder endlose Tage und Wochen vergeblichen Suchens nach der Südgrenze dieser Mauer, allabendliche ergebnislose Diskussionen, die keine Aufnahme in die Forschungsgeschichte finden.

Gegen Ende der Kampagne wird die eigentliche Grabungstätigkeit eingeschränkt. Von den bis zu 80 Arbeitern, die wir beschäftigten, bleiben nur noch wenige, vor allem die Meister, die beim abschließenden Klären von Befunden mithelfen. Die letzten Funde werden aufgearbeitet, Berichte geschrieben und dann können Werkzeuge, Geräte und Hausrat sorgfältig verpackt werden, so daß weder Regenwasser noch Motten oder Mäuse Schaden anrichten können.

Die sorgfältig verpackten Kleinfunde werden nach Aleppo gebracht und dem Direktor der Vorderasiatischen Abteilung des dortigen Nationalmuseums übergeben. Als die Feldforschung in Habuba Kabira im November 1975 abgeschlossen war, erfolgte die Tei-

Abb. 11 Lehmziegelmauern der unteren Schichten des Tall Habuba Kabira werden gezeichnet

lung der Funde zwischen der syrischen Antikenbehörde und der Deutschen Orient-Gesellschaft. Der uns zugefallene Anteil gelangte mit der Bahn durch die Türkei und den Balkan nach Berlin, wo er gemäß den Bestimmungen unserer Satzung zum großen Teil in den Besitz der Staatlichen Museen und zwar des Museums für Vor- und Frühgeschichte übergehen wird. Vor der endgültigen Magazinierung sind die Objekte

jedoch zu reinigen und zu restaurieren – ein Arbeitsprogramm, das sich über viele Jahre erstreckt.

Eine solche Fundteilung, die ausländischen Museen eine größere Studiensammlung beschert, ist in keinem orientalischen Lande mehr üblich. Das syrische Gesetz ermöglicht sie jedoch unter besonderen Bedingungen (s. oben S. 19 f.). Es war gewiß eine sehr sinnvolle Entscheidung der zuständigen Gremien, im Falle des

Staudammprojektes von der Möglichkeit einer solchen Ausnahmeregelung Gebrauch zu machen. Einerseits war es für manche der Beteiligten ein zusätzlicher Anreiz, der in den einzelnen Ländern nicht selten die Beschaffung der notwendigen Forschungsmittel erleichterte, zum anderen wird dadurch das Projekt international weit nachhaltiger bekannt gemacht, als dies mit einer bloßen Berichterstattung möglich ist, denn alle Expeditionen, die Fundobjekte durch eine Teilung erhalten, sind verpflichtet, diese für eine gewisse Zeit öffentlich auszustellen.

Die Deutsche Orient-Gesellschaft kommt dieser Verpflichtung mit einer Wanderausstellung nach. Diese ist zugleich ein Zeichen des Dankes an das Gastland Syrien für die besondere Großzügigkeit, mit der es die Arbeit der ausländischen Expeditionen förderte.

Eine regelmäßige Berichterstattung über den Fortgang der Grabung und ihre Ergebnisse verlangen nicht nur die Bestimmungen des Antikengesetzes, sondern auch diejenigen Institutionen, welche die Grabung ausrichten und finanzieren. So gingen im Abstand von zwei Wochen Kurzberichte aus Habuba Kabira an die syrische Antikenbehörde, an die Stiftung Volkswagenwerk wie an den Vorstand der Deutschen Orient-Gesellschaft und am Ende der Kampagne jeweils eine Zusammenfassung an dieselben Adressaten. Diese Vorberichte wurden in den ›Mitteilungen der Deutschen Orient-Gesellschaft‹ und in den ›Annales archéologiques arabes syriennes‹ publiziert. Zur Zeit wird die endgültige Veröffentlichung vorbereitet, die alle Einzelbeobachtungen und eine abschließende Gesamtschau enthalten wird. Mit dem Ende der eigentlichen Feldforschung ist erst ein Teil der Arbeiten des Projektes geleistet; es ist eine Fülle von neuem Material gewonnen worden, das in der zweiten, gewiß ebenso wichtigen Arbeitsphase ausgewertet werden muß. Die hier gebotene Zusammenfassung kann noch keineswegs alle Quellen berücksichtigen.

Teil II: Die Ergebnisse in Habuba Kabira-Süd

Seit fast zwei Jahrhunderten werden die Kulturen des Alten Orients mit dem Spaten erforscht. Erkundungen biblischer Plätze führten im Jahre 1842 zu ersten größeren Grabungen in Ninewe. Später folgten andere berühmte Hauptstädte wie Babylon, Assur, Boghazköy im Land der Hethiter und Uruk im südmesopotamischen Sumer. Altes Testament und klassische Autoren verbürgten von vornherein die hervorragende Stellung dieser Metropolen und garantierten entsprechend bedeutende Forschungsergebnisse. Dabei beschränkte sich die Tätigkeit der Ausgräber im allgemeinen auf die religiösen und administrativen Zentren der Städte. Die zugehörigen Wohnviertel blieben oft unbeachtet. So kennen wir bisher kein einziges Privathaus aus dem frühsumerischen Uruk zur Zeit seiner ersten Blüte um die Mitte des 4. Jahrtausends v. Chr., dagegen aber eine Fülle öffentlicher Gebäude, die heute als Meisterwerke der Baukunst gelten (z. B. Abb. 22). Unbekannt ist die Größe des damaligen Uruk, und auch die Frage, ob die Stadt bereits befestigt war, wurde noch nicht geklärt. Man begnügte sich mit einem epischen Bericht, in dem König Gilgamesch von Uruk als Erbauer der Stadtmauer gerühmt wird, sowie mit der Feststellung von Resten einer Befestigung aus der Zeit dieses Herrschers gegen Beginn des 3. Jahrtausends v. Chr. Eventuelle Vorläufer standen für Historiker wie Ausgräber nicht zur Debatte. Man meinte, das Problem durch die Übereinstimmung der schriftlichen Quellen mit dem noch recht vorläufigen Grabungsbefund einigermaßen gelöst zu haben und hielt das frühsumerische Uruk im allgemeinen für unbefestigt.

Die Ergebnisse der Grabungen in Habuba Kabira-Süd gleichen nun eine empfindliche Forschungslücke aus. Sie erbrachten eine Fülle von Wohnhäusern und lassen auch die Stadtmauer des Gilgamesch in einem ganz neuen Licht erscheinen. Darüber hinaus fordern sie unter dem Blickwinkel der Kulturgeographie ein neues Überdenken bisheriger Vorstellungen von der allgemeinen Situation um die Mitte des 4. Jahrtausends v. Chr., als in Süd-Mesopotamien (Sumer) und Chuzistan (Elam) die älteste Schriftkultur blühte. Denn schon die bloße Tatsache einer intensiven Siedlung von Menschen dieser Kulturtradition so weit im *Norden Mesopotamiens* bzw. des Euphrattales war eine Sensation.

Bereits 1967 hatte Maurits N. Van Loon über den Fund sogenannter ›Glockentöpfe‹ am südlichsten Gehöft des Dorfes Habuba Kabira-Süd berichtet[17]. Gefäße dieses Typs (Abb. 51) sind mit der frühen Schriftkultur Sumers und Elams eng verbunden und in allen zugehörigen Siedlungen in großer Anzahl zu finden. Bei wiederholter Begehung der Felder während unserer ersten Aufenthalte am Ort konnten wir feststellen, daß solche ›Glockentöpfe‹ und andere gleichzeitige Keramiken in einem Uferstreifen vom Dorfausgang nach Süden bis zum Tall Qannas und über diesen hinaus (Abb. 12) an der Oberfläche zutage kamen. Gegen Beginn der Herbstkampagne 1969 wiesen uns die Dorfbewohner dann auf Kalksteinmauern hin, die sie hier beim Pflügen angeschnitten hatten. Beim Überprüfen der Situation stellten wir fest, daß die Bauern zum Entfernen der störenden Steine an einigen Stellen kleine Löcher gegraben hatten, in deren Aushub viele Scherben lagen. Vor unseren Augen fand ein Junge aus dem Dorf ein 26 cm langes kupfernes Beilblatt ähnlich Abb. 29, das auf einen beachtlichen Reichtum der alten Siedlung hinwies. Dieser wertvolle Fund und die Kalksteinmauern gaben Anlaß zu einer ersten Versuchsgrabung in diesem Gebiet. Am Ende der einmonatigen Untersuchung einer Fläche von 200 qm war es erwiesen, daß wir uns auf der Spur einer sehr wichtigen Entdeckung befanden. Allerdings übertrafen dann die Funde der folgenden Jahre gemeinsam mit denen unserer Nachbarn von Tall Qannas und Djabal Aruda (s. S. 61) die hohen Erwartungen um ein Vielfaches.

---

17 The Tabqa Reservoir Survey (Damaskus 1967) 9 unter Nr. 513. Zu diesem Gefäßtyp in Nas und Mesherfe vgl. R. Maxwell-Hyslop et al., Palestine Exploration Quarterly 74 (1942) S. 26.

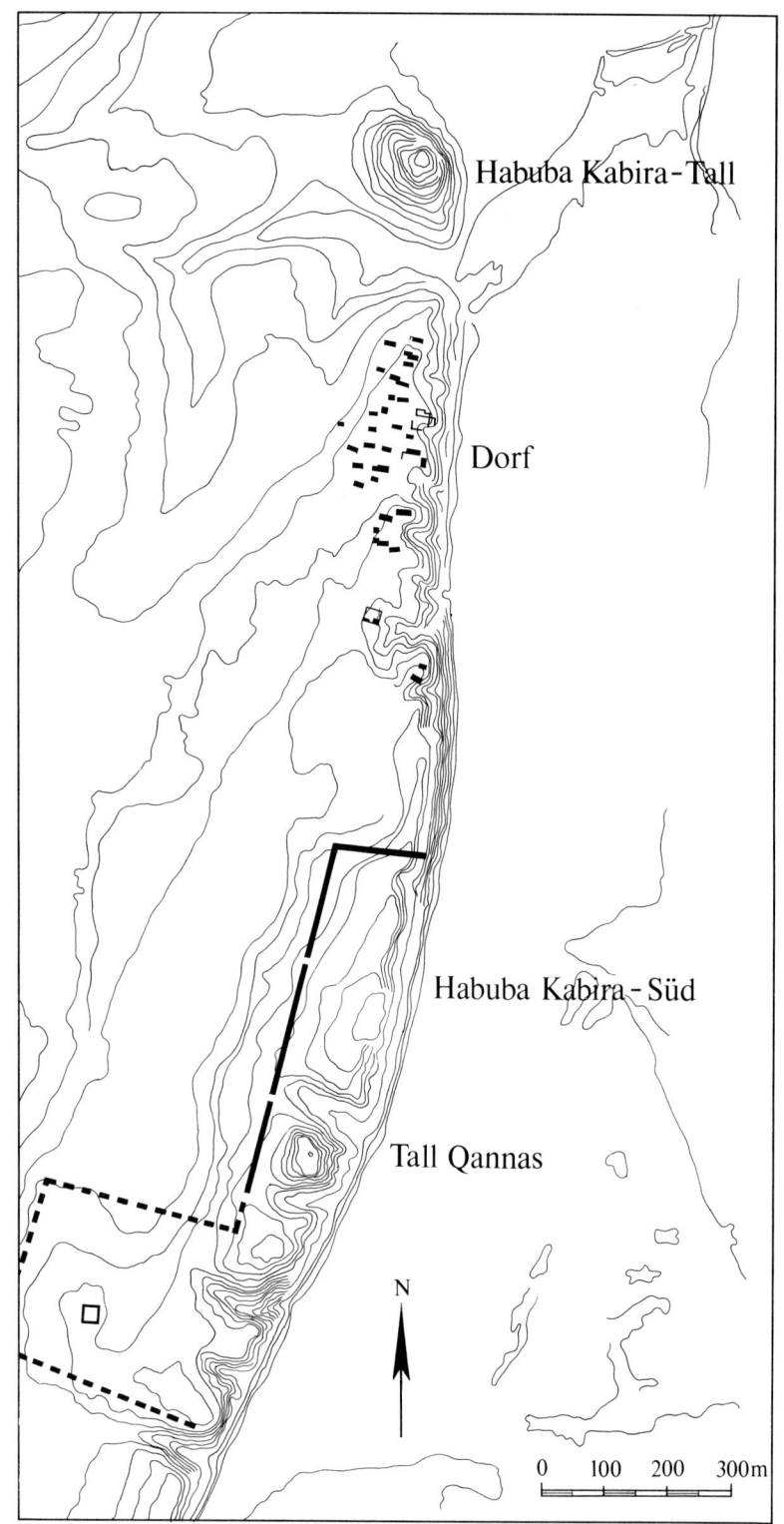

Habuba Kabira-Tall

Dorf

Habuba Kabira - Süd

Tall Qannas

N

0   100   200   300m

Abb. 12   Das Grabungsgelände von Habuba
Kabira und Tall Qannas

Abb. 13   Grundmauern von Häusern und gekieste Gasse in Habuba Kabira-Süd

1. STADTBAU VOR 5000 JAHREN

Die Stadt von Habuba Kabira-Süd/Qannas erstreckte sich als schmaler Streifen über den Ostrand der untersten Euphratterrasse, flußnah, jedoch hochwassergeschützt (Abb. 12 und Innendeckel hinten). Nimmt man ihre größtmögliche Ausdehnung an, so umfaßte sie etwa 18 ha. Davon konnten 20 000 qm Wohnfläche durch Grabungen erforscht werden. Das Modell Abb. 1 zeigt diese Partien in dunklem Holz. Die hellen Teile sind Ergänzungen.

Im Schutze einer starken Befestigungsmauer er-

Abb. 14   Qannas-Tor mit Vorplatz, Stadtmauer und Bastionen

streckte sich am Euphrat ein dicht bebautes Gelände (Abb. 13). Sechs- bis achttausend Menschen lebten und arbeiteten hier in Wohnvierteln mit Werkstätten und Lagerräumen. Ein ummauerter Bezirk in der Mitte enthielt das Kult- und Verwaltungszentrum.

Südlich von ihm gab es einen bewässerten Garten. Anfangs bestand nur eine schmale Ufersiedlung mit einer Straße. Erst nach dem Bau der Stadtbefestigung wurde das größere Gebiet bis zur Mauer vollständig bebaut.

Die Stadtmauer war 3 m breit, mit Bastionen oder Türmen bewehrt und außen durch Vor- und Rücksprünge gegliedert. Eine schwächere Mauer schützte ihr Vorfeld. Zwei Tore boten Zugang zur Stadt. Sie sind nach einem einheitlichen Plan errichtet worden, ausgestattet mit einer Kammer und verschließbar durch eine zweiflüglige Tür, deren Angelsteine noch an Ort und Stelle gefunden wurden (Abb. 14).

Die Befestigung verlief in einer exakten Geraden über mehr als 600 m an der Westseite der Siedlungszone und knickte in einem stumpfen Winkel im Norden nach Osten ab, wo sie bis zum Rand der Flußterrasse und möglicherweise zum damaligen Euphratufer weiterhin einen ebenso geraden Verlauf nahm.

Bei der Planung der Mauer ist man offensichtlich von dem Wunsch nach Symmetrie und Ebenmaß der Bauglieder ausgegangen. So sind es von der Nordecke bis zum Nordtor neun Türme, neun weitere liegen zwischen beiden Toren und noch einmal neun nimmt die Rekonstruktion von Wido Ludwig bis zur südlichen Ecke sowie von der Nordecke bis zum östlichen Steilabfall am Euphrat an. Die beiden Torgrundrisse sind zwar nicht in sich symmetrisch angelegt, jedoch klappsymmetrisch aufeinander bezogen: Beim Habuba-Tor ist die nördliche, beim Qannas-Tor die südliche Bastion von der Torkammer her zugänglich.

Nur die untersten Ziegelschichten der Stadtmauer waren erhalten. Im Süden sind auch diese letzten Spuren der Erosion durch Regen und Wind zum Opfer gefallen. Daher war hier der weitere Verlauf des Befestigungssystems nicht zu ermitteln. Bei der Rekonstruktion im Modell geht Wido Ludwig von dem oben beschriebenen Gleichmaß der Distanzen zwischen Toren und Ecken aus. Darüber hinaus sind einige ergänzende Beobachtungen in diesem Zusammenhang interessant:

Zwischen den beiden Taleinschnitten südlich von Tall Qannas lagen keine Scherben an der Oberfläche. Eine Probegrabung jedoch konnte diese besondere Situation klären, denn wir fanden hier einen ost-westlich verlaufenden Bewässerungskanal, der einst eine Pflanzung versorgte. Er ist gewiß vom Euphrat gespeist worden. In welcher Weise man dabei den Höhenunterschied von mehr als 10 m zwischen dem Tal und der Uferterrasse überwand, bleibt noch unbe-

kannt. Mechanische Vorrichtungen zur Bewältigung dieser schweren Arbeit kennen wir erst aus bildlichen Darstellungen jüngerer Zeit.

Südlich dieser Pflanzung, jenseits des zweiten bis zum vierten Tal, waren die Oberflächenfunde etwas zahlreicher. Sie erstrecken sich hier auch weit in das Landinnere über das gesamte annähernd rechteckige Areal, das von den winklig nach Westen abknickenden Höhenlinien umschlossen wird (Abb. 12). Testgrabungen haben an vielen Stellen Hausreste erbracht; zwei große Gehöfte konnten freigelegt werden. Alle Bemühungen jedoch, Spuren einer Ummauerung zu finden, sind gescheitert. Es bleibt folglich eine nicht abschließend zu klärende Frage, ob diese ›Südstadt‹ befestigt war oder nicht. In jedem Fall sollte man eine zweite und stärkere Vormauer in diese Überlegungen einbeziehen, die vom Vorhof des Qannas-Tores nach Süden verläuft. Wir halten es nicht für unwahrscheinlich, daß sie als Umfassung der ›Südstadt‹ angelegt war, möglicherweise als Erweiterung des stärker befestigten älteren Stadtgebietes, auf dessen Darstellung das Modell Abb. 1 beschränkt ist. Neuere Überlegungen von Kay Kohlmeyer sprechen für eine Ummauerung der ›Südstadt‹ mit einem der beiden in Frage kommenden Befestigungssystemen[18].

Die Trockentäler, die heute in den Ostrand der Uferterrasse einschneiden, gab es schon vor 5000 Jahren. Zwei von ihnen dienten nachweislich als bequeme Aufgänge vom Fluß in die Stadt. Sie geben Hinweise auf die Entstehung des Straßennetzes. Das nördliche Tal führt zur östlichen Abbiegung der großen Nord-Süd-Straße, die bereits während der älteren Ansiedlung bestand. Am tieferen Tal unmittelbar nördlich von Tall Qannas wird im Modell Abb. 1 ein Hafen angenommen. Ganz offensichtlich bezieht sich nämlich das Qannas-Tor mit seiner breiten Straße auf dieses Tal, das die wichtigste Ost-West-Verbindung bietet. Die Vermutung eines Hafens an der besonders verkehrsgünstigen Stelle, dort, wo diese Straße den Fluß erreicht, ist daher naheliegend.

Bei der Planung der Stadtmauer mag man von den eben geschilderten Voraussetzungen des Bodenreliefs

---

18 MDOG 112 (1980) in Vorbereitung.

ausgegangen sein. Dem Habuba-Tor entspricht jedoch kein Taleinschnitt im Uferrand. Seine Lage war entweder durch eine andere Besonderheit der Stadt oder nur durch die Distanz zwischen dem Qannas-Tor und der Nordecke bestimmt. Der schräge Verlauf der Nordmauer ergab sich wohl aus Rücksicht auf ein dort seit altersher bestehendes großes Gehöft, das sogenannte ›Osthaus‹ (Abb. 16).

Wir können im Stadtbild ganz deutlich die wenigen Hauptstraßen erkennen. Sie besitzen eine geschlossene Randbebauung, streckenweise mit genischten Fassaden. Ihr Kiespflaster wurde wiederholt neu aufgeschüttet. Es enthält kaum Scherben und andere Reste von Abfall; offensichtlich war es sauber gehalten worden. Anderer Art ist eine Straße unmittelbar hinter der Stadtmauer. Ihre Breite ist ungleichmäßig und ihr Kiespflaster enthält viel Asche, die aus den anliegenden Feuerstellen und Werkstätten kommt. Möglicherweise hatte dieser Stadtteil eine basarähnliche Funktion. Im übrigen waren die Wohnviertel von einem Netz schmaler, oft blind endender Gassen durchzogen, die eigentlich nur als Zugang zu den Grundstücken dienten (Abb. 13). Anders als die großen Straßen waren sie oft mit Abfall bedeckt.

Nördlich der Stadt bis zum Tall von Habuba Kabira und im westlichen Hinterland wurden an verschiedenen Stellen zeitgenössische Scherben gefunden. Vermutlich lagen hier einzelne bäuerliche Gehöfte. Auch die unterste Schicht des Talls selbst entstand in jener Periode. Leider konnten wir aus Zeitmangel die verstreute Besiedlung im städtischen Umfeld nicht näher untersuchen.

Habuba Kabira-Süd ist gegenwärtig die einzige Stadt aus der Epoche der frühen Schriftkulturen um 3500 v. Chr., deren Befestigung und Wohnviertel erforscht sind. Ein älteres mehrgliedriges Befestigungssystem von gleicher planmäßiger Anlage ist uns nicht bekannt.

2. HÄUSER

Die Häuser waren dicht aneinander gebaut, ihre Grundstücke jedoch verhältnismäßig groß. Sie besaßen einen Hof, um den verschiedene Gebäudeteile gruppiert waren: Ein ›Mittelsaalhaus‹ zum Wohnen (Abb. 15), Breiträume zum Empfangen von Gästen und Wirtschaftsräume. Das Haus Abb. 16 ist mit etwa 500 qm Fläche eines der größten.

Die ›Mittelsaalhäuser‹ sind dreischiffige Anlagen, bestehend aus einem großen mittleren Raum mit beidseitig angeordneten Nebenräumen, deren Decken vermutlich niedriger waren, so daß der höhere Mittelraum durch Öffnungen unterhalb des Daches belüftet und belichtet werden konnte. Dieser Mittelsaal war wohl der eigentliche Wohnraum der Familie. In seinem Fußboden sind zumeist zwei axial angeordnete pfannenartige Feuerstellen eingetieft. Das Innere des Raumes war symmetrisch gegliedert, gelegentlich durch kleine einander entsprechende Nischen in den Schmalwänden, stets aber durch die Anordnung der Türen zu den beidseitigen Nebenräumen. Die Durchgänge liegen immer einander gegenüber und dort, wo ein korrespondierender Durchgang fehlt, tritt an seine Stelle eine gleichbreite flache Nische – gewissermaßen als »Scheintür« (Abb. 16). Der dreischiffige Haustyp wurde gelegentlich – wohl aus Platzmangel – auf einen zweischiffigen reduziert. Dabei entfiel eine Reihe der kleinen Nebenkammern. Der Mittelsaal jedoch behielt stets seine innere Symmetrie bei. Er war nur durch die Nebenräume von den Längsseiten her zu betreten.

Ein oder zwei große Breiträume lagen unmittelbar am Hof (vgl. Abb. 16). Ihre Eingangswand war fast immer stärker als die entsprechende Rückwand. Eine lange Tradition bis zu den Palästen des Nebukadnezar II. in Babylon (gegen Anfang des 6. Jahrhunderts v. Chr.) läßt erkennen, daß eine solche einseitige Wandverstärkung bei altorientalischen Prestigebauten häufig war[19]. Sie ist keine statische Notwendigkeit und erbringt als einzigen praktischen Effekt eine bessere Isolierung des Raumes gegen Hitze und Kälte. Ziel der Bauherrn war es aber wohl vor allem, den Besucher zu beeindrucken, denn betritt dieser einen Raum durch eine überdimensioniert tiefe Türleibung, so bemerkt er bereits an der Schwelle die Wohlhabenheit des

---

19 E. Heinrich / U. Seidl, Maß und Übermaß in der Dimensionierung von Bauwerken im alten Zweistromland: MDOG 99 (1968) 5 ff.

Abb. 15 Mittelsaalhaus mit T-förmigem Mittelraum, rechts der Tall Qannas, im Hintergrund das Euphrattal mit dem Steilabfall des östlichen Ufers

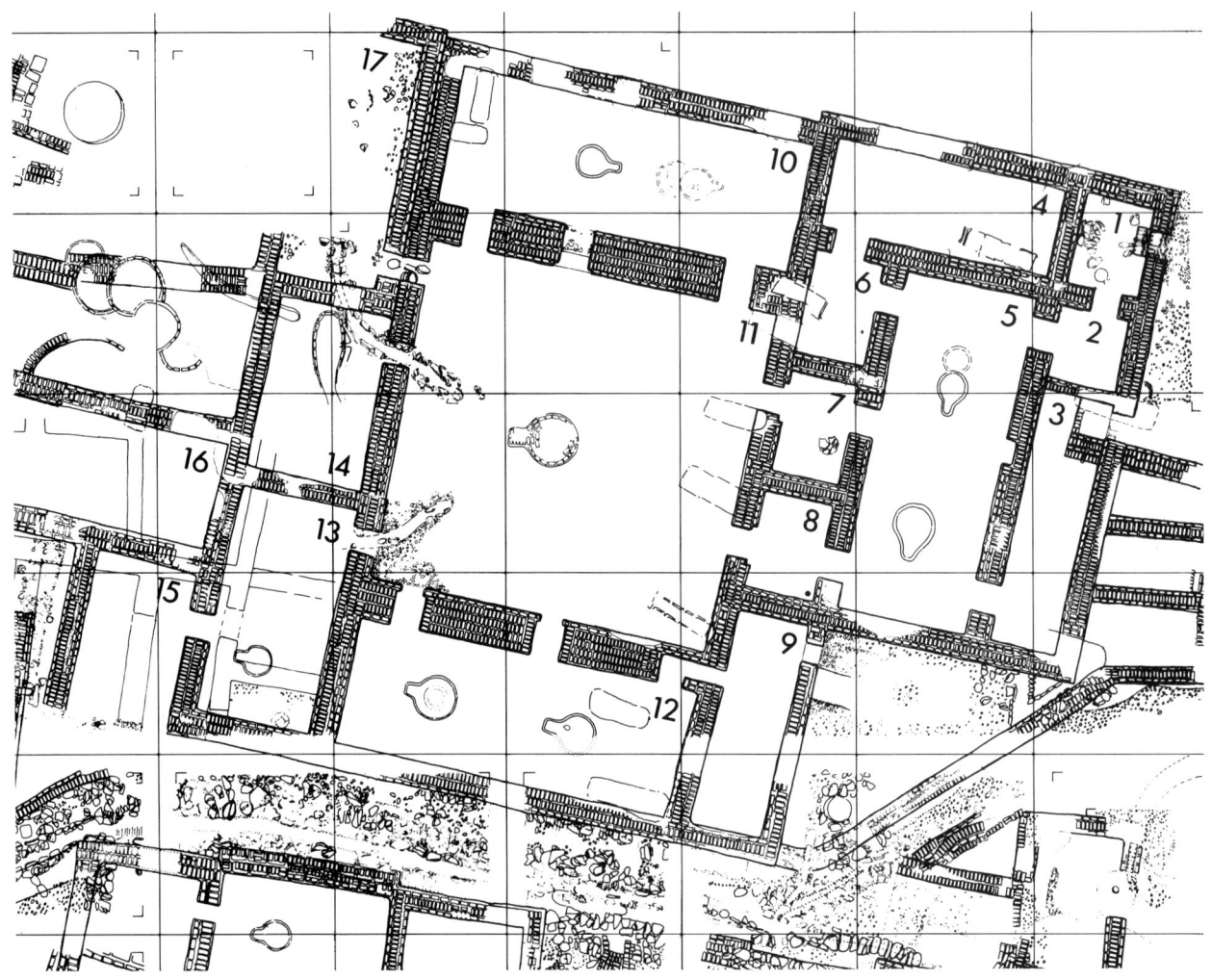

Abb. 16 ›Osthaus‹, Aufnahmeplan, Maßstab 1:200

Hausbesitzers, der sich den Luxus eines derart soliden Baus leisten kann. Die sparsame Schwäche der korrespondierenden Rückwand vermag er ja nicht wahrzunehmen. Die genannte Tradition zeigt, daß diese Breiträume dem Empfang von Gästen dienten. Auch in ihren Fußböden gab es die bekannten Feuerstellen. Besichtigen wir das Haus Abb. 16 in der äußersten Nordostecke der Stadt, so betreten wir es an der Umbiegung der großen Nord-Süd-Straße durch einen ge-

schützten Vorplatz (15), von dem Raum 13 zugänglich ist. Hier gab es im Fußboden eine kleine Feuerstelle, möglicherweise zur Bewirtung untergeordneter Personen. Der nahezu quadratische Hof 11 war in seiner Mitte mit einer sehr großen Feuerstelle ausgestattet. Er wurde über Kanäle durch Raum 14 in nordwestlicher Richtung entwässert. Vom Hof gelangte man in die beiden breitgelagerten Empfangsräume 10 und 12, jeder wieder mit zwei Feuerstellen. Ein verdeckter

Abb. 17   Häuser im Dorf Habuba Kabira-Süd

Durchgang führte von Raum 12 nach 9, von wo man einen gekiesten, flußnahen Freiraum erreichen konnte. Die Ostseite des Hofes 11 bildet eins der bekannten ›Mittelsaalhäuser‹. Durch seine östlichen Seitenräume führten zwei Türen mit Innenstufen nach draußen. Im Raum 4 dieses Hauses wurden die am besten erhaltenen Tontafeln gefunden (s. unten S. 63 ff.). Im Nordwesten des gesamten Komplexes lagen mehrere Schichten großer Öfen übereinander. Hier haben wir es mit einem Wirtschafts- oder Werkstattkomplex des Hauses zu tun, der leider nicht so gut erhalten war, daß wir etwas über die einst hier durchgeführten Arbeiten ermitteln konnten.

3. BAUTECHNIK EINST UND HEUTE

Die Häuser wurden aus luftgetrockneten Ziegeln mit Lehmmörtel erbaut und anschließend innen wie außen mit Lehm verputzt. Die flachen Dächer bestanden aus einer Lage von Balken mit Gestrüpp oder Schilfmatten, die oben durch gestampften Lehm abgedichtet war.

Da die alten Techniken in der ländlichen Bauweise bis heute fortleben (Abb. 17), können hieraus wertvolle Hinweise für die Rekonstruktion von Städten, Dörfern und Häusern des Altertums gewonnen werden. So können wir heute noch alle Phasen des Hausbaus beobachten. Als erstes werden die Ziegel hergestellt. Dazu wird Lehmerde mit Strohhäcksel vermischt und mit Hilfe hölzerner Modeln geformt. Nach mehrtägigem Trocknen an der Luft sind die Ziegel gebrauchsfertig und die Maurerarbeit kann beginnen. Aus Ägypten kennen wir die älteste Darstellung der Ziegelfabrikation in allen Phasen: Transport von Erde und Wasser, Mischen des Materials, Füllen der Modeln und Trocknen (Abb. 18). Da die Ziegel für ein Haus im allgemeinen aus Modeln mit denselben Abmessungen stammen, sind sie alle gleich groß. An der Stadtmauer jedoch wurde ungleichartiges Ziegelmaterial vermauert. Waren es in den Häusern meist die kleinformatigen sogenannten ›Riemchen‹, deren Querschnitt quadratisch ist und deren durchschnittliche Größe 22 × 10 × 10 cm beträgt (Abb. 15), so wurden bei der Befestigung vorwiegend große Flachziegel unterschiedlicher Abmessungen verwendet (Abb. 14). Hier wechselt das Material auch stark in seiner Substanz: Neben dem an Ort und Stelle entnommenen rötlichen Lehm kommt der hellsandige aus dem Flußtal vor. Unsere Arbeiter konnten diesen Sachverhalt begründen: Es handelt sich um Winter- und Sommerziegel. Wenn es nämlich oben auf der Flußterrasse feucht ist, so bevorzugt man den Lehm aus der unmittelbaren Umgebung der Baustelle. Bei extremer Sommertrockenheit jedoch erspart man sich den schwieri-

gen Wassertransport und streicht die Ziegel in Flußnähe. Diese Sommerziegel sind insgesamt weniger häufig. Wenn an der Stadtmauer Ziegel sehr unterschiedlicher Art und Größe verwendet wurden, so ist dies wohl eine Folge der Arbeitsorganisation. An einem solchen Gemeinschaftswerk mußten sich gewiß alle Haushalte beteiligen, insbesondere wohl bei der mühevollen Ziegelfabrikation. Möglicherweise geschah dies sogar unter dem Zeitdruck einer akuten Bedrohung.

Will man die Bauformen des Altertums ermitteln, so ist dies nur bei genauer Kenntnis der angewandten Techniken möglich. Die Untersuchung muß bis zur einzelnen Mauer hinführen, bis zum verwendeten Material und zur Art, wie die Ziegel oder Steine verlegt worden sind. Daher wird in manchen Grabungen große Mühe darauf verwendet, insbesondere bei Lehmziegelbauten durch Feinuntersuchungen die Strukturen der Bauelemente genau zu ermitteln (Abb. 9) und dann genau zu zeichnen (Abb. 11). Ohne diese Methode, die um 1930 erstmals in Uruk durch Julius Jordan zur Perfektion entwickelt worden ist, hätten wir in Habuba Kabira vieles übersehen und oft auch die Frage baulicher Veränderungen durch Hinzufügen von Mauern nicht beantworten können. Eine andere aus dieser Methode resultierende Möglichkeit hat Dieter Robert Frank aufgezeigt. Er erkannte, daß die Elle

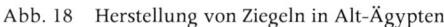
Abb. 18 Herstellung von Ziegeln in Alt-Ägypten

das grundlegende Längenmaß bei der Bauplanung war. Ihre Länge beträgt etwa 49 cm und entspricht damit zwei Ziegellängen plus der Fuge zwischen ihnen[20].

Nur ausnahmsweise wurden Ziegel gebrannt. Solche wertvollen ›Backsteine‹ fanden gelegentlich als Schwellen Verwendung.

Die Türstürze heutiger Häuser bestehen aus kräftigeren Holzbrettern. In Habuba Kabira-Süd wurden Rundhölzer verwendet. Dies wissen wir aus Resten des zufällig durch Brand gehärteten Lehmputzes mit Abdrücken der hölzernen Konstruktionselemente. Die Türblätter aus Holz oder Schilfmatten waren an einem senkrechten Pfosten befestigt, dessen unteres Ende sich in einem ausgehöhlten Stein, dem ›Türangelstein‹, drehte (Abb. 19). Oben wurde der Pfosten in einer Halterung geführt. Diese wurde nirgendwo festgestellt. Es kamen jedoch zahlreiche Türangelsteine zutage. Aus ihrer Lage wissen wir, daß die Türen nach innen geöffnet wurden.

Reste von Dächern, die im Schutt einiger abgebrannter Häuser lagen, lassen erkennen, daß auch sie ebenso konstruiert waren wie bei heutigen Bauernhäusern (Abb. 17). Es zeigt sich also in allen Einzelheiten eine

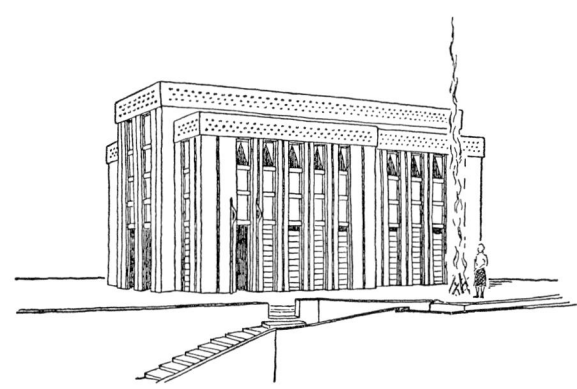

Abb. 20 Rekonstruktion des Tempels auf der Hochterrasse des Gottes Anu zu Uruk durch Ernst Heinrich

starke Tradition des Bauens mit Lehmziegeln die weitgehende Rückschlüsse von der Gegenwart auf die Vergangenheit zuläßt.

4. Kult- und Verwaltungszentrum

Etwa in der Mitte des besiedelten Gebietes, im südlichen Teil des ummauerten Kernbereiches des Modells Abb. 1, befand sich das Kult- und Verwaltungszentrum der Stadt. Seine Ruine bildet die unterste Schicht von Tall Qannas, das von belgischen Archäologen unter der Leitung von André Finet erforscht worden ist[21].

Hier standen Bauten von größeren Dimensionen, durch eine genischte Ummauerung deutlich von der Wohnstadt abgehoben. Es wurden neben anderem drei ›Mittelsaalhäuser‹ freigelegt, die ebenso wie die privaten Wohnungen mit Feuerstellen ausgestattet waren (Abb. 21). Der Ausgräber erklärt sie als Tempel.

20 Versuch zur Rekonstruktion von Bauregeln und Maßordnung einer nordsyrischen Stadt des vierten Jahrtausends: MDOG 107 (1975) 7 ff.
21 Über die ältesten Anlagen von Tall Qannas berichtet A. Finet in der Zeitschrift Syria 52 (1975) 157 ff. und in D. N. Freedman (edit.), Archeological Reports from the Tabqa Dam Project – Euphrates Valley, Syria: Annual of the American Schools of Oriental Research 44 (1979) 79 ff.

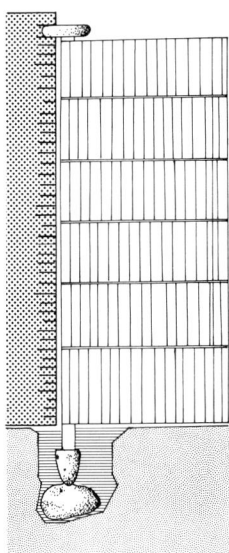

Abb. 19 Schematische Skizze einer Tür mit Angelstein

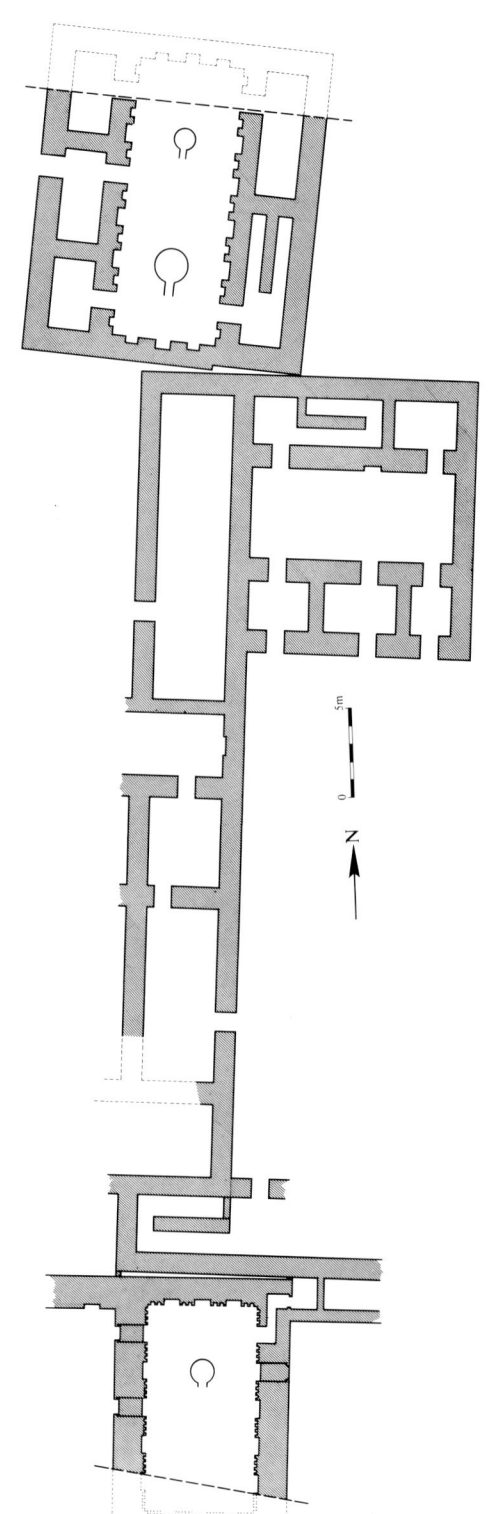

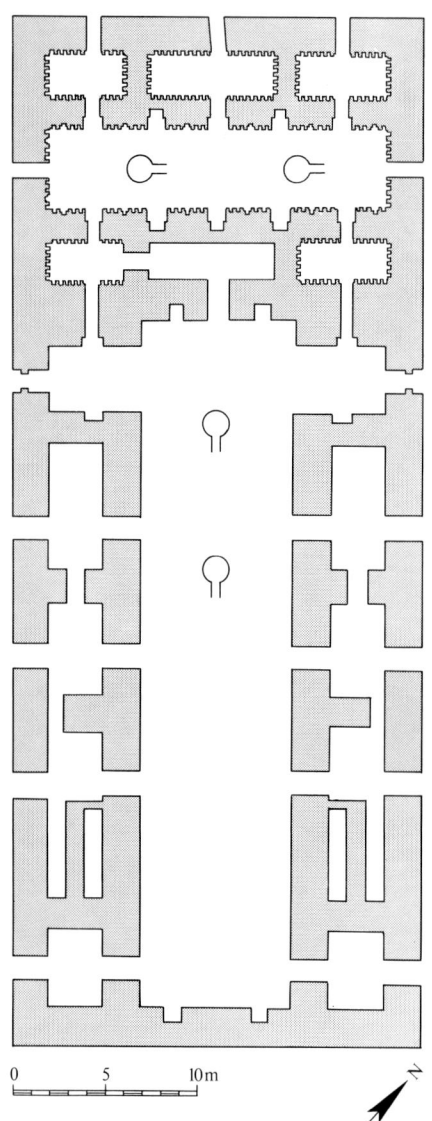

Abb. 22 Grundriß des Tempels C in Uruk, Maßstab 1:400

Abb. 21 Grundriß des erforschten Stadtzentrums von Tall Qannas, Grabungsergebnis einer belgischen Expedition unter Leitung
von André Finet, Maßstab 1:400

Die Mesopotamier stellten sich ihre Götterwelt ähnlich der irdischen vor und sie schätzten die Bedürfnisse der Götter wie die eigenen ein. Daher bauten sie ihnen ›Gotteshäuser‹ mit dem Grundriß der üblichen Wohnhäuser, jedoch größer und reich mit Vor- und Rücksprüngen der Fassade geschmückt (Abb. 20). Gelegentlich gab es damals auch eine Verzierung mit Stiftmosaiken. In Uruk wurde diese Einlagetechnik in vielen Variationen beobachtet (Abb. 23). In Qannas und Habuba Kabira fanden wir nur vereinzelte Stifte eines einheitlichen Typs (Abb. 24). Sie sind verhältnismäßig groß, aus Ton geformt, am flachen Ende mit einer konischen Eintiefung versehen, gebrannt und dann mit dem Kopf in schwarze asphalthaltige Farbe getaucht. In Uruk wurde aus Stiften dieses Typs am oberen Rand genischter Fassaden ein mehrreihiges Band aufgebaut, das aus den flachen Köpfen neben- und übereinandergelegter Stifte gebildet wird (vgl.

Abb. 23 Stiftmosaik in Uruk

Abb. 20). Ähnliches darf man auch bei den Zentralbauten in Tall Qannas annehmen.

Die Städte und ihr Umland galten den Mesopotamiern als Eigentum des jeweiligen Stadtgottes. In seinem Auftrag leitete ein irdischer Vertreter die Verwaltung. Daher gab es im zentralen Bereich jeder Stadt Gotteshäuser, Paläste und sonstige öffentliche Bauten. Solange es noch unbekannt ist, wie sich damals göttliche und fürstliche Wohnhäuser unterschieden, bleibt es fraglich, ob alle drei großen ›Mittelsaalhäuser‹ in Tall Qannas Tempel waren.

Die Bebauung von Tall Qannas gleicht grundsätzlich der des zentralen Bezirkes im südmesopotamischen Uruk[22]. Die dortigen ›Mittelsaalhäuser‹ (Abb. 22) sind jedoch wesentlich größer, und es wurden neben diesen noch andere Bautypen beobachtet.

Da ein Teil der Terrasse von Tall Qannas aus Zeitmangel nicht ausgegraben werden konnte, ist die Gesamtanlage nicht zu beurteilen. Ungeklärt ist auch der Zugang zu diesem Komplex. Man wird ihn am ehesten im Westen, etwa in Verlängerung der großen nord-südlichen Hauptstraße vermuten.

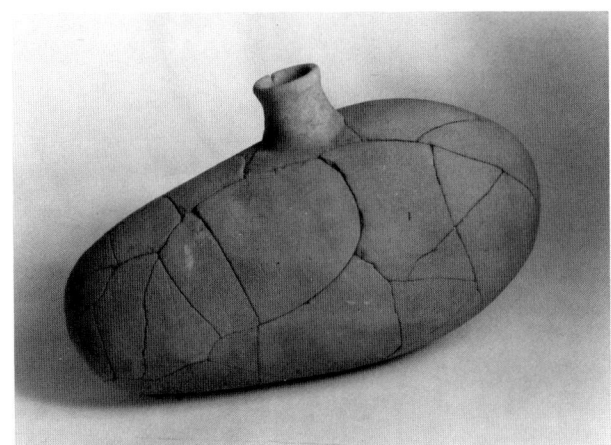

Abb. 25   Butter- oder Wassergefäß, größte Breite 52 cm

5. Wasserversorgung und Stadtreinigung

Die Bewohner der Stadt holten ihr Wasser aus dem nahen Euphrat. Beim Transport des Frischwassers verwendeten sie vermutlich Tierbälge und Tongefäße, gelegentlich vielleicht die merkwürdig oval geformten wie Abb. 25. Ein solcher Behälter diente jedenfalls im Jahre 1978 einer kleinen Ägypterin in der Oase Dachla zum Wasserholen (Abb. 26). Diesen wertvollen Hinweis und das Bild verdanken wir einem Berliner Ausstellungsbesucher, Herrn Gerhard Schneider. Bislang hatte man angenommen, die eiförmigen Tongefäße seien nur beim Buttern verwendet worden. Wenn sich ihre Gestalt aus der eines Tierbalges herleitet, so mögen sie die Funktion der Ledersäcke sowohl beim Wassertransport als auch beim Buttern übernommen haben.

Zum Kühlen und Ausschenken von Trinkwasser dienten schlanke poröse Tonflaschen mit Ausgußtüllen (Abb. 27). Durch Verdunstung an der feuchten Gefäßwand wird der Inhalt ganz erheblich gekühlt. Auch heute noch ist diese sehr wirkungsvolle Methode weit verbreitet.

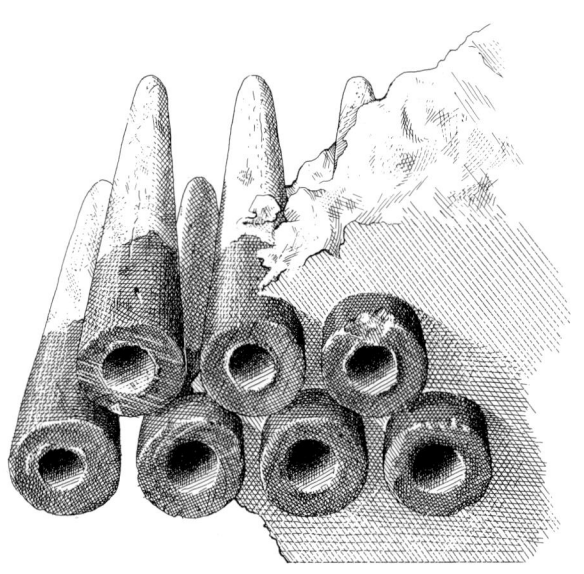

Abb. 24   Mosaikstifte aus gebranntem Ton mit geschwärzten Köpfen, Stiftlänge ca. 15 cm

22 E. Heinrich in W. Orthmann (edit.), Der alte Orient: Propyläen Kunstgeschichte 14 (Berlin 1975) 143 f.

Regen- und Schmutzwasser wurde in Gruben innerhalb der Stadt oder in das landeinwärts gelegene Vorgelände geleitet. Als öffentliche Abwasserleitungen dienten offene oder abgedeckte, mit Steinen gepflasterte Kanäle in den Straßen. In den Grundstücken wurden auch Muffenrohre (Abb. 28) und U-förmige Rinnen aus gebranntem Ton verwendet.

Toiletten und Waschräume gab es in Habuba Kabira-Süd offensichtlich nicht. Solche Anlagen sind wesentlich jüngere Errungenschaften. Sie wurden erstmals in mesopotamischen Häusern der Akkade-Zeit um 2400/2300 v. Chr. gefunden[23].

Die Vorrichtungen zur Stadtentwässerung zeugen von einer übergreifenden Planung und hohem technischen Können.

6. WAFFEN ZUM KRIEG UND ZUR JAGD

Die Stadtmauer wurde wohl von Bogenschützen und Schleuderern verteidigt. Zum Nahkampf dienten Keulen, Beile (Abb. 29) und Spieße.

Die Schleudern werden ähnlich ausgesehen haben wie die noch heute von der syrischen Landbevölkerung hergestellten. Sie sind aus Wolle gewebte Bänder mit verbreitertem muldenartigen Mittelteil. An dem kürzeren Bandende befindet sich eine Schlaufe zum Festhalten. Das Geschoß wird in die Mulde gelegt und nach mehrmaligem Schleudern freigegeben, indem

23 Vgl. R. Mayer-Opificius, MDOG 111 (1979) 51 ff.

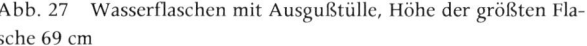

Abb. 26   Ägyptisches Mädchen beim Wasserholen im Jahre 1978

Abb. 27   Wasserflaschen mit Ausgußtülle, Höhe der größten Flasche 69 cm

45

Abb. 28   Abwasserleitung aus Tonröhren und steingedecktem Kanal

man das längere, schlaufenlose Ende der Schleuder losläßt.

Wegen der Vergänglichkeit des Materials ist keine Schleuder aus dem Altertum erhalten geblieben. In einem Raum des Qannas-Tores lagen jedoch Vorräte von Schleudergeschossen (Abb. 30). Sie sind eiförmig und bestehen aus luftgetrocknetem Lehm. Diese annähernd gleichgroßen, stromlinienförmigen Geschosse haben beim gezielten Werfen wegen ihrer gleichbleibenden Flugeigenschaft große Vorteile gegenüber

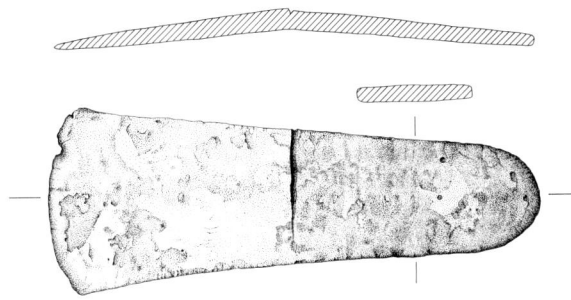

Abb. 29   Kupfernes Beilblatt, Länge 24 cm

Abb. 30   Schleudergeschosse aus ungebranntem Lehm, durchschnittliche Länge 4,5 cm

Steinen. Im 7. Jahrhundert v. Chr. wurden die Schleuderer als eine besondere Waffengattung des assyrischen Heeres auf Sockelreliefs des königlichen Palastes dargestellt (Abb. 31). Schleudern werden im heutigen Orient von Hirten dazu benutzt, mit gezielten Würfen die Herden zusammenzuhalten. Erfahrungsgemäß erreicht ein guter Schleuderer Weiten von etwa 200 m. Im Vergleich mit dem Bogen ist die Zielsicherheit beim Schleudern geringer, die Reichweite jedoch größer[24].

In der Bibel (1. Samuel 17) verwendet der Hirtenjunge David die Schleuder als wirksame Waffe gegen den übermächtigen Goliath. Es heißt dort: »Und er nahm seinen Stab in seine Hand und wählte fünf glatte

Steine aus dem Bach und tat sie in die Hirtentasche, die er hatte, und in den Sack und nahm die Schleuder in seine Hand . . . Und David tat seine Hand in die Tasche und nahm einen Stein daraus und schleuderte und traf den Philister an seiner Stirn, daß der Stein in seine Stirn fuhr und er zur Erde fiel auf sein Angesicht. Also überwand David den Philister mit der Schleuder und mit dem Stein und schlug ihn und tötete ihn«.

Den Gebrauch von Bogen und Spießen zeigen auch bildliche Darstellungen aus dem mit Habuba Kabira-Süd annähernd gleichzeitigen Uruk (Abb. 32). Dagegen sind Beile (Abb. 29) als Waffen erst seit dem mesopotamischen Frühdynastikum in der 1. Hälfte des 3. Jahrtausends v. Chr. belegt.

7. Ein Haushalt vor 5000 Jahren

Einige der ausgegrabenen Wohnhäuser sind durch Brand zerstört worden. Dabei hat die zusammenstürzende Decke das zur Zeit der Katastrophe in den Räumen befindliche Inventar bedeckt und bis zur Freilegung im ursprünglichen Zusammenhang bewahrt. So erfahren wir Genaueres über die zum Haushalt gehörigen Geräte und ihre Anzahl (Abb. 33). Bei der weitgehend einheitlichen Grundrißgestaltung der Häuser kann man aus dem Inventar der einzelnen Räume auf ihre jeweilige Nutzung schließen und durch eine Kombination aller Beobachtungen die Funktionsbereiche eines typischen Hauses in Habuba Kabira-Süd erkennen. Diese Ergebnisse werden jedoch erst vorliegen, wenn alle Einzelheiten aufgearbeitet sind.

Vom Besitz der Haushalte blieben nur die Gegenstände aus dauerhaftem Material erhalten, vor allem aus gebranntem Ton, Stein und Metall. Stoffe, Leder, Matten und Hölzer haben meist nicht überdauert; sie sind gelegentlich aber noch in Abdrücken erkennbar.

24 M. Korffmann, Schleuder und Bogen in Südwestasien von den frühesten Belegen bis zum Beginn der historischen Stadtstaaten (Bonn 1972) 17 ff.

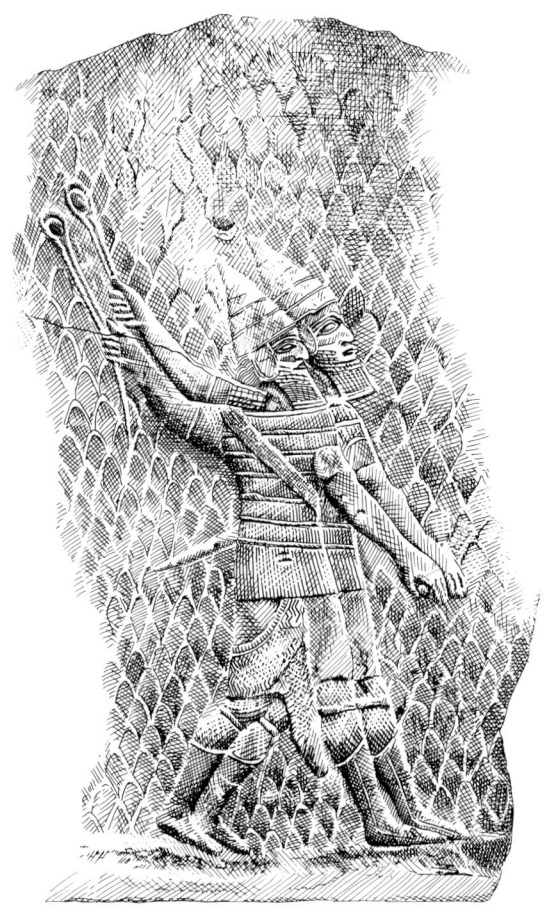

Abb. 31 Schleuderer des assyrischen Heeres unter König Sanherib (704–681 v. Chr.) dargestellt auf einem Sockelrelief seines Palastes in Ninewe

Abb. 32 Fürst mit Spieß und Gefangene (Siegelabrollung aus Uruk) und Fürst bei der Jagd auf Wildrinder (Abrollung eines Siegels aus Südmesopotamien)

verwendet. Für längere Zeit sicherte man die Lebensmittel gegen Tiere in verschließbaren Tongefäßen. Steingefäße kamen wegen ihrer geringen Größe allenfalls zur Aufbewahrung von Kleinmengen in Frage.

Aufbereitung der Nahrung:

Messer und Schaber aus Flint (Feuerstein), seltener aus Obsidian (glasigem Vulkangestein) verwendete man zum Abhäuten der Tiere und zum Schneiden. Griffe wurden aus Röhrenknochen, gelegentlich schnitzverzierten (Abb. 35 unten) oder Holz hergestellt. Die Verbindung zwischen Klinge und Griff wurde durch Verschmieren mit Bitumen gefestigt (Abb. 35 oben). Beim Messer Abb. 35 oben ist auf der Unterseite der Bitumenfassung noch ein Holzabdruck zu erkennen. Mörser und Mühlen aus Basalt dienten zum Zerkleinern von Getreide und Hülsenfrüchten (Abb. 36), Feuerböcke aus Lehm zum Lagern von Bratspießen (Abb. 37), feuerfeste Kochtöpfe (Abb. 37), Gefäße (Abb. 25) und Tierbälge zum Buttern, Keramikflaschen zum Transport und Kühlen des Trinkwassers (Abb. 25–27), Schöpflöffel sowie Geschirr zum Essen und Trinken (Abb. 38). Von den schönen Schultergefäßen mit rotem geglättetem Überzug, Schnurösen,

So können Textilien und Matten Spuren in der Patina von Kupferobjekten hinterlassen. Flechtwerk aus Schilf erkennt man oft auf Asphalt, der in Körben transportiert und auf Matten gelagert wurde. Das Haushaltsinventar diente zu Folgendem:

Vorratshaltung:

Gefäße aus Keramik (Abb. 34), Stein, Tierhäuten und Geflecht. Die leichten Behälter wurden vorwiegend für den Transport und eine kurzfristige Lagerung

Abb. 33   Nebenraum eines Hauses mit reichem Inventar

Scheintüllen und kleinen Henkeln auf der Schulter (Abb. 39) besaß jeder Haushalt nur wenige. Man darf bezweifeln, ob sie Gebrauchsgefäße oder nicht eher Prestigeobjekte waren. Denn die Tüllen besaßen keine Verbindung zum Gefäßinnern und treten meist paarweise auf. Henkel und Schnurösen waren viel zu schwach für die großen, schweren Gefäße. Alle diese Applikationen hatten demnach ihre ursprüngliche Funktion verloren und waren zu reinen Dekorelementen geworden.

Abb. 34   Vorratsgefäße, Höhe des größten Gefäßes 72 cm

Abb. 35   Flintmesser mit Fassung aus Bitumen (Länge 9,4 cm) und
geschnitzter Röhrenknochen als Gerätegriff (Länge 14 cm)

Abb. 36   Frau beim Mahlen von Getreide mit einer Sattelmühle

Abb. 37   Kochtopf und Feuerböcke, Höhe des Kochtopfes 35 cm

Textilverarbeitung:

Spinnwirtel dienten zur Verarbeitung von Fasern – vermutlich vorrangig Schafwolle. Diese Arbeit wurde in den einzelnen Haushalten verrichtet, wogegen die Weberei wohl gelegentlich auch ein Gewerbe von Spezialisten war.

Nahrungsgewinnung:

Wenige Reste von Sicheln weisen auf die Ernte von Getreide. Die Landwirtschaft besaß für die Bewohner der Stadt jedoch gewiß keine größere wirtschaftliche Bedeutung. Zahlreicher waren kupferne Angelhaken zum Fischfang im Euphrat (Abb. 40). Verschiedene Waffen mögen auch zur Jagd verwendet worden sein.

Krieg:

Bei Kampf und Jagd dienten vermutlich dieselben Waffen. Ein Depot von Schleuderkugeln im Qannas-Tor war gewiß für die Verteidigung der Stadt vorgesehen.

Abb. 38   Geschirr zum Essen und Trinken

Wohnen:

Von den Matten, Matratzen und Decken zum Sitzen und Schlafen ist nichts erhalten geblieben. Es ist zu vermuten, daß die Wohn- und Schlafräume in Habuba Kabira-Süd ähnlich eingerichtet waren wie in heutigen Bauernhäusern. Dort werden abends die Matratzen auf Matten oder Teppichen ausgebreitet, morgens dann wieder mit dem übrigen Bettzeug zusam-

mengelegt und an den Raumwänden gestapelt oder zum Sitzen hergerichtet (Abb. 41). Kommen Gäste, so sind aus dem oft sehr reichen Vorrat mit wenigen Handgriffen bequeme Sitzgelegenheiten bereitet. Dank ihrer Vielseitigkeit ist diese Art der Möblierung allen andern Systemen überlegen. Dennoch hatte man auch im Alten Orient getischlerte Möbel wie Bettgestelle, Stühle, Hocker und Tische. Sie waren jedoch stets Luxus einer städtischen Oberschicht. Sitzende

Arbeiten wurden im allgemeinen auf einer Matte verrichtet (Abb. 43 oben).

Einzige Überreste der Bekleidung sind kupferne Gewandnadeln. Ihr abgerundetes Kopfende ist durch eine Kerbe vom Nadelteil getrennt. Hier ließ sich ein Faden befestigen, der nach dem Zusammenstecken des Gewandes um die Spitze geschlungen werden konnte und auf diese Weise Nadel und Tuch fest miteinander verband (Abb. 42). Dies war die älteste Form der Sicherheitsnadel. Ferner wurden Perlen aus verschiedenfarbigen Steinen, kupferne Kosmetiklöffel und kleine Spachtel gefunden. Das einzige goldene Schmuckstück ist ein halbmondförmiger Anhänger aus Blech.

Läßt sich das Haushaltsinventar auch nur ungenau ermitteln, so wollen wir nicht versäumen, eine interessante Quelle aus weit jüngerer Zeit mitzuteilen. Gegen Beginn des 2. Jahrtausends v. Chr. übergab ein Vater seiner Tochter bei der Eheschließung folgendes Hochzeitsgut.

»Zwei Sklavinnen, 48 gr. Gold für Ohrringe, 8 gr. Gold für den Halsschmuck, zwei silberne Armreifen von 32 Sekel Gewicht, vier silberne Armreifen von 32 Sekel Gewicht, zehn Gewänder, fünf Schals, einen Mantel, zwei Umschlagtücher, einen Lederriemen, einen Bullen und zwei Kühe von drei Jahren, dreißig Stück Kleinvieh, 10 kg Wolle, einen Kupferkessel mit einem Volumen von 30 Litern, eine Mühle für Schrot, eine Mühle für feines Mehl, ein Bett, fünf Stühle, einen Toilettenkasten, einen Vorratskasten, einen Doppelkasten, ein Schreibzeug(?), einen runden Kasten, 60 Liter Öl, 10 Liter wohlriechendes Öl, einen Ölkrug, ein Holztablett zum auf dem Kopf Tragen, ein großes Holztablett, zwei hölzerne Kämme für Wolle, drei hölzerne Kämme für die Haare, drei kleine Löffel, zwei hölzerne Schüsseln(?), eine hölzerne Büchse mit Wollspindeln und ein Tönnchen«. Dieses alles ist auf einer Tontafel genau verzeichnet[25].

Vorratswirtschaft und Handel:

Das Eigentum wurde durch tönerne Gefäßverschlüsse, Bullen, Tontafeln und hohle Tonkugeln mit Symbolen gesichert (vgl. hierzu S. 63 ff.). Dabei wurde an Stelle einer Unterschrift ein Siegel in dem

Abb. 39   Gefäß mit rotem Tonüberzug, Höhe 34 cm

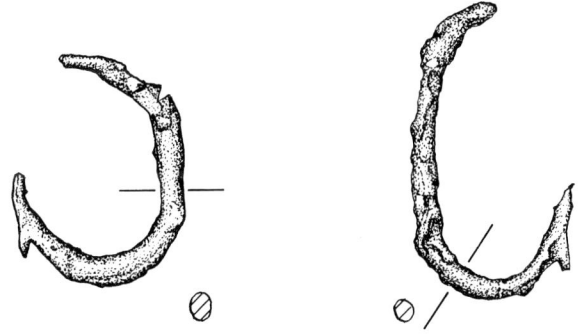

Abb. 40   Kupferne Angelhaken, Länge des größeren Hakens 4,2 cm

25 The Babylonian Expedition of the University of Pennsylvania Band 6,1 (Philadelphia 1906) No. 84.

Abb. 41   Innenraum eines Hauses im Dorf Habuba Kabira-Süd

noch weichen Ton abgerollt (Abb. 43) oder abgedrückt (Abb. 44). Zum Besitz der Haushalte gehörten daher auch solche Siegel, die zumeist die Form einer Walze hatten, seltener einfache Stempel waren. Es scheint, als hätte jeder Haushalt in Habuba Kabira-Süd nur ein Siegel besessen.

Manche der gefundenen Geräte und Werkzeuge sind in ihrer Zweckbestimmung noch ungeklärt.

Die Bewohner von Habuba Kabira-Süd erzeugten nur einen geringen Teil ihrer Nahrungsmittel selbst. Sie fingen Fische und gingen vermutlich auch auf die Jagd.

Geräte, die auf Ackerbau schließen lassen, wurden außer dem einzigen Fragment einer Sichel aus Terrakotta sowie einigen Sichelklingen aus Flint nicht gefunden, und für die Unterbringung von Herdentieren bot das Stadtgebiet keinen Platz. Einzige Freifläche war der bewässerte Garten südlich von Tall Qannas.

Abb. 44   Stempelsiegel mit Abdruck, Stempelfläche 3 x 2,5 cm

Vermutlich wurden Ackerbau und Viezucht vor allem von den Bewohnern der Gehöfte im Weichbild der Stadt betrieben.

Die klimatischen Bedingungen ermöglichten den Anbau von Getreide ohne Bewässerung. In bewässerten Gärten der fruchtbaren Flußaue gediehen anspruchsvollere Kulturpflanzen wie Gemüse. Hier gab es aber auch Wälder, die wertvolles Holz zum Bauen und Feuern lieferten. Das unbestellte Land konnte als Viehweide dienen. Genaueres über Nutzpflanzen und -tiere werden wir wissen, wenn die Untersuchung der erhaltenen Reste abgeschlossen ist. Da die Wohnschichten sehr dicht unter dem heutigen Ackerland im Aktionsbereich moderner Maulwürfe lagen, konnte jedoch nur in wenigen günstigen Fundsituationen pflanzliches Material geborgen werden, das mit Sicherheit aus dem Altertum stammt. Wesentlich reicher sind die Reste an Tierknochen, die zumeist in Abfallgruben lagen.

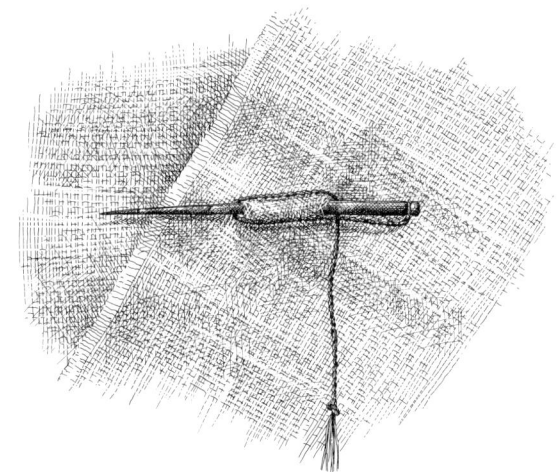

Abb. 42   Kupferne Gewandnadel, Länge 8,5 cm

9. HANDWERK

Darf auch der Handel als Anlaß zur Gründung der städtischen Niederlassung von Habuba Kabira-Süd gelten, so lebten ihre Einwohner nicht von ihm allein; sie unterhielten auch Handwerksbetriebe, über die Werkzeuge und Produkte Auskunft geben.

Werkzeugproduktion:

Obwohl die Verarbeitung von Kupfer durch Hämmern, Schmieden und Gießen bereits allgemein bekannt war (Abb. 29, 40 und 42), wurden noch viele Arbeitsgeräte, wie Sichelklingen, Messer (Abb. 35 und 45) und Schaber, aus Stein hergestellt. Meist

Abb. 43   Abrollungen von Siegeln, Siegelhöhe 1,7 bzw. 2,5 cm

verwendete man Flint, seltener Obsidian. Die Bearbeitung geschah in der Klingentechnik (Abb. 45). Dabei wird zunächst eine Gesteinsknolle mit einem Schlagstein in zwei Hälften zerteilt. Dann nimmt der Werkzeugmacher eine Hälfte und führt nahe am Rand einen Schlag aus, so daß eine messerscharfe Klinge von der Knolle abspringt. Durch Bearbeitung der Schneide (Retusche) könnte diese geschärft werden. Arbeitsplätze für die Herstellung von Klingen wurden verschiedentlich festgestellt. Sie waren an der großen Menge herumliegender Steinsplitter (Abschläge) zu erkennen. Das Metallhandwerk ist durch steinerne Treibhämmer zum Formen von Blechen belegt.

Die großen Mühlsteine (vgl. Abb. 36) und Mörser aus Basalt wurden vermutlich als Fertigprodukte im Handel aus den Basaltgebieten Nordsyriens bezogen. Aus der Korrespondenz des Palastarchivs in Mari (s. oben S. 18, um 1900 v. Chr.) kennen wir einen Schiffstransport von 56 Mühlsteinen auf dem Euphrat bis zu dieser Stadt[26].

›Luxus-Güter‹-Produktion:

In einem Haus westlich von Tall Qannas gab es eine Werkstatt, in der man Spielbretter anfertigte (Abb. 46). Dazu wurden größere Tafeln aus Kalkstein hergestellt und auf ihnen mit Kalkmörtel schwarze und weiße Steinplättchen in der Art eines Schachbrettes befestigt. Die Umrandung bestand gelegentlich aus schmalen rechteckigen Einlagen von rötlicher Farbe.

Abb. 46 Bruchstück eines Spielbrettes mit Spielstein, das größere Fragment ca. 10 × 14 cm

Abb. 47 Gewichte zum Beschweren, Höhe des größten 7,2 cm

Wir fanden nur Bruchstücke der ursprünglich rechteckigen Tafeln mit Resten der Intarsien, dazu jedoch fertig bearbeitete Plättchen in großer Zahl. Unter diesen gab es auch dreieckige in zwei verschiedenen Größen. Die Ränder der Plättchen waren stets zur Auflagefläche hin abgeschrägt, so daß die Stoßfugen der Ansichtsseite beim Verlegen möglichst fein wurden. Es erfordert viel Geschick und Zeitaufwand, die dünnen Plättchen so exakt und in gleicher Größe anzufertigen. Ihre Herstellung war gewiß das Werk von Spezialisten.

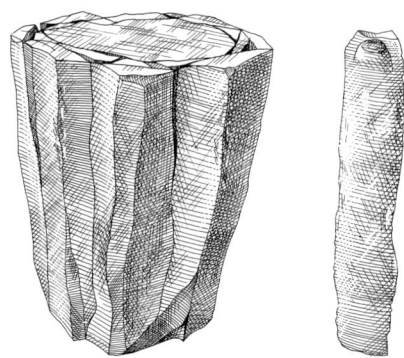

Abb. 45 Flintknolle mit schematischer Darstellung der abplatzenden Klingen

26 Archives royales de Mari Band 13 (1964) No. 90.

Möglicherweise wurden auch andere feine Steinarbeiten in Habuba Kabira-Süd ausgeführt. Die sehr zahlreich gefundenen Gewichte mit eingetieften Rinnen zum Befestigen von Schnüren (Abb. 47) könnten zum Beschweren von Steinbohrern und Sägen gedient haben. Mit Bohrern wurden z. B. die nicht wenigen Steingefäße ausgehöhlt, ein Arbeitsvorgang, der auf ägyptischen Reliefs dargestellt ist (Abb. 48 rechts). In einer ägyptischen Schiffswerft verwendete man ähnliche Gewichte beim Durchsägen eines Balkens (Abb. 48 links).

Keramik-Produktion:

Eine Vielfalt von Tongefäßen sehr unterschiedlicher Art beweist die Erfindungsgabe der Töpfer[27]. Die weitaus größte Menge der gefundenen Keramik ist in wenigen Werkstätten hergestellt worden und zwar sowohl in Massen- wie in Einzelproduktion. Nur selten fertigten private Haushalte einiges vom Gebrauchsgeschirr selbst an. Man erkennt dies am Rohmaterial – ungereinigten Erden –, an der Herstellung ohne Töpferscheibe und an der offensichtlich niedrigen Brenntemperatur.

Die Mehrzahl der Gefäße wurde auf der Töpferscheibe geformt. Sie bezeugen eine hohe Perfektion im Umgang mit diesem Gerät. An dem reichhaltigen Fundmaterial konnten einige spezielle Herstellungstechniken beobachtet werden:

Durch Abdrehen von einem größeren Tonkegel wurden auf der Töpferscheibe hintereinander mehrere einfache Schalen hochgezogen (Abb. 49). Dabei

27 Vgl. hierzu D. Sürenhagen, Keramikproduktion in Habuba Kabira-Süd: Acta Praehistorica et Archaeologica 5/6 (1974/5) 43 ff.

Abb. 48   Holzsägen und Steinbohren in Alt-Ägypten unter Verwendung umschnürter Steingewichte

schnitt der Töpfer, sobald er eine Schale geformt hatte, diese unterhalb ihres Bodens vom restlichen Tonkegel mit einer Sehne ab. Da dies auf rotierender Scheibe geschah, entstanden auf dem Boden gebogene exzentrische Schnittspuren. Auf diese Weise wurden in kurzer Zeit viele gleichartige Gefäße angefertigt[28].

Komplizierter geformte Gefäße mußten in mehreren Arbeitsgängen hergestellt werden. So wurde zum Beispiel bei Tüllenflaschen (Abb. 27) zunächst der Rumpf bis zur Schulter zylindrisch hochgezogen. Nachdem dann auch der obere Teil mit dem Hals gedreht war, bohrte der Töpfer von außen ein Loch in den weichen Ton der Schulter und modellierte die Tülle auf. Abschließend wurde der untere Gefäßrumpf von außen schräg zugeschnitten und glatt gestrichen, wobei Spuren des Schneideinstrumentes an manchen Stellen erhalten blieben.

Neben der Serienproduktion einfacher Schalen auf der Töpferscheibe gibt es eine Massenproduktion durch Abformen in Mulden (Abb. 50). So entstanden die sogenannten ›Glockentöpfe‹ (Abb. 51). Zu ihrer Herstellung wurde eine Negativform entsprechend der gewünschten Gefäßgröße im Erdboden ausgehöhlt. Diese streute man zunächst mit Sand aus, damit sich der Topf später besser ablösen ließ. Dann wurde der mit Häcksel gemagerte Ton in die Form gedrückt. Spuren von der Faust des Töpfers sind im Innern des Gefäßbodens noch stets zu erkennen, denn die Nachbearbeitung beschränkte sich auf eine leichte und wenig sorgfältige Glättung der seitlichen Innenwand. Nach kurzem Trocknen konnte die Schale in lederhartem Zustand aus der Form gehoben und gebrannt werden.

Andere Gefäße wurden durch Aufeinandersetzen von Tonwülsten frei aufgebaut. Hierbei bedarf es gewisser Erfahrung mit der Elastizität des Materials, um beurteilen zu können, wann die Wandung durch Trocknen so stabil ist, daß sie einen weiteren Ring trägt. Andererseits muß der Ton noch elastisch genug sein, um sich mit dem neuen Ring fugenlos zu verbinden und nach Fertigstellung insgesamt auch noch geglättet zu werden. Die Wülste sind mit bloßem Auge nicht mehr zu erkennen.

Manche Gefäße erhielten vor dem Brand einen dichteren Tonüberzug, der sorgfältig mit einem Instrument geglättet wurde. Dieser Überzug verringerte die Porosität des Gefäßes beträchtlich, bewahrte also einen flüssigen Inhalt vor dem Austrocknen, hatte aber durchaus auch einen schmückenden Effekt, vor allem dann, wenn ihm rote Farbe untermischt wurde und ihm eine sorgfältige Glättung Glanz verlieh (Abb. 39). Eine erste einfache Glättung der Oberfläche konnte bereits vorgenommen werden, solange das Gefäß noch auf der Scheibe stand. Der Töpfer wischte es mit der Hand oder einem Tuch feucht ab und beseitigte dabei Unregelmäßigkeiten der Form. Zugleich bildete sich an der Außenhaut eine feinere Tonschicht, die hier zu einer gewissen Verdichtung der Poren führte. Zog der Töpfer dann mit den Fingern während des langsamen Drehens Streifen vom Rand oder der Schulter her über die Wandung nach unten, so wischte er dabei diese dünne Schicht in gewissen Abständen aus.

28 H. J. Franken, A Stratigraphical and Analytical Study of Early Iron Age Pottery: Excavations at Tell Deir 'Alla – I (Leiden 1969).

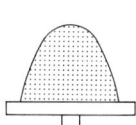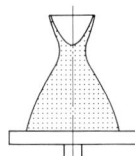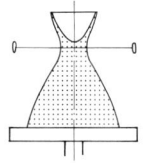

Abb. 49   Massenproduktion einfacher Schalen auf der Töpferscheibe

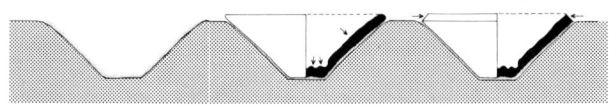

Abb. 50   Abformen von Schalen in einer Mulde

Abb. 51   In einer Mulde geformte Schalen, sog. ›Glockentöpfe‹, Höhe des größten 10 cm

Es entstand ein sehr häufiger Dekor durch die Abfolge heller (= feinporiger) und dunklerer (= grobporiger) Streifen, die leicht schräg in einer gewissen Torsion über die so behandelte Wandpartie verlaufen (Abb. 34). Der englische Fachausdruck für dieses Muster heißt ›reserved slip‹. Bei bauchigen Gefäßen mit betontem Schulterumbruch und vier Schnurösenhenkeln auf der Schulter (Abb. 52) sind eingeritzte Dekorbänder aus Linien, Dreiecken und Rechtecken sehr häufig.

Alle andern Verzierungsarten kommen verhältnismäßig selten vor: plastisch aufgesetzte Knubben, eingedrückte Ringe, Musterstempel und Bemalung mit schwarzer Asphaltfarbe.

Eingeritzte Zeichen und einzelne Appliken (Halbmonde, Knubben) mögen Herstellungsmarken von Töpfern sein (Abb. 53).

Die Keramik von Habuba Kabira-Süd wurde gewiß am Ort hergestellt. Wir fanden jedoch keinen einzigen Töpferofen. Es ist zu vermuten, daß die Keramikwerkstätten außerhalb des Stadtkernes lagen, ähnlich wie der Töpferofen auf dem jüngeren Tall von Habuba

Abb. 52   Tongefäße mit Verzierung, Höhe des rechten Gefäßes 40 cm

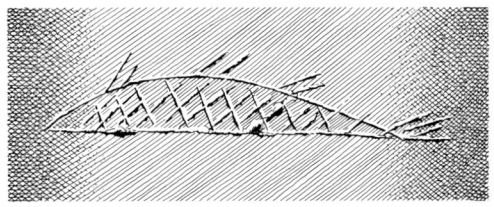

Abb. 53   Ritzzeichnung eines Fisches von einem großen Vorrats-
gefäß, Länge des Fisches 10,5 cm

Kabira (s. unten S. 76 f., Abb. 74). Im Stadtgebiet
wurden jedoch verschiedentlich Instrumente aus Terrakotta und Stein zum Glätten von Keramik gefunden.
Hinzu kommen rote Steine, deren Pulver zum Färben
von Tonüberzügen Verwendung fand. Ein unregelmäßig geformter Stein, dessen eine ganz eben zugear-
beitete und fein geglättete Seite konzentrische Schleif-
spuren um eine konische Eintiefung zeigt, mag als
Auflager einer Töpferscheibe gedient haben.

Die Stadt Habuba Kabira-Süd/Qannas war nicht die einzige Siedlung ihrer Zeit im Gebiet des Staubeckens (vgl. oben S. 14 f.). 5 km Luftlinie nördlich wurden aus den unteren Schichten von Tall Hadj gleichaltrige keramische Funde geborgen, weitere in Hadidi, 9 km flußaufwärts von Hadj, beobachtet. Einige Scherben von ›Glockentöpfen‹ (vgl. Abb. 51) aus Muraibit und ein Tonnagel (vgl. Abb. 24) aus Munbaqat sind in ihrer Aussage noch nicht zu beurteilen. Der bedeutendste Fund gelang jedoch 3 km nördlich von Hadj, wo sich über der Flußterrasse das Bergmassiv des Djabal Aruda erhebt, zu erkennen auf Abb. 14 im Hintergrund rechts. Auf einem flußwärts gerichteten Sockel untersuchten niederländische Ausgräber das mutmaßliche Kult- und Verwaltungszentrum der gesamten Region, das in beherrschender Position 60 m über der Flußaue gelegen war[29]. Sie fanden dort zwei größere, als Tempel erklärte Bauten und einige vielgliedrige Häuser, deren Architektur mit der von Habuba Kabira-Süd und Tall Qannas in jeder Hinsicht übereinstimmt (Abb. 54). Die bisher untersuchte Siedlungsfläche mißt etwa 250 × maximal 90 m. Ihr Gesamtumfang wird sich nicht feststellen lassen, da vieles durch Erosion zerstört wurde; sie war jedoch wesentlich kleiner als die Stadt Habuba Kabira-Süd/Qannas. Wir dürfen annehmen, daß die Einwohnerzahl auf dem Djabal Aruda nicht allzu groß gewesen ist. Weit mehr Menschen lebten in den Flußniederungen, wo die Versorgung mit Wasser und Lebensmitteln leichter war, und wo sich auch das abspielte, was die wirtschaftliche Blüte des Tales bewirkte: der Fernhandel zwischen den Städten der südlichen Flußtäler und ihren Rohstoffländern.

29 G. Van Driel / C. Van Driel-Murray, Jebel Aruda 1977–1978: Akkadica 12 (1979) 2 ff.

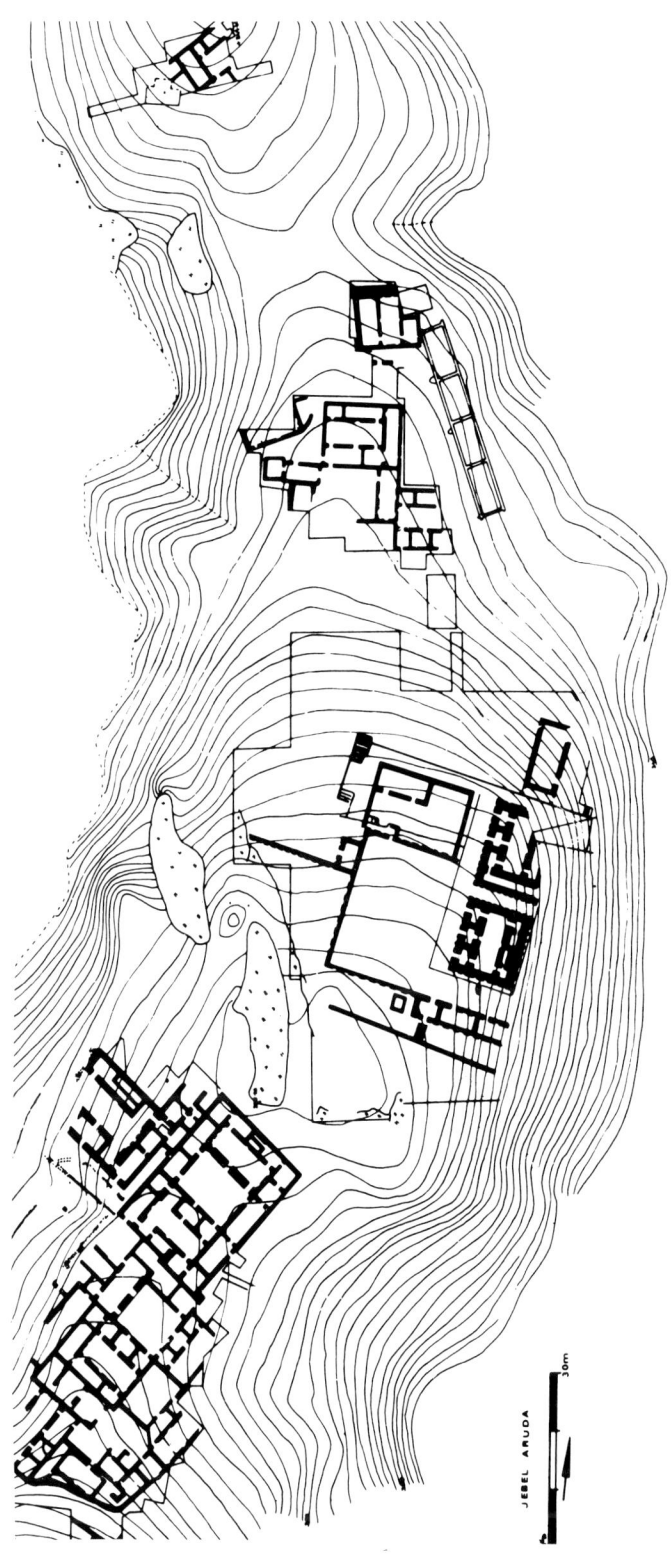

Abb. 54   Übersichtsplan der Ansiedlung auf dem Djabal Aruda, Grabungsergebnis einer holländischen Expedition unter Leitung von G. Van Driel, Maßstab wie Übersichtsplan Habuba Kabira-Süd auf dem Innendeckel hinten

Abb. 55 Rekonstruktion von Siegelbildern nach Abrollungen durch Dessa Rittig

Siedlungen des 4. Jahrtausends v. Chr. in den beiden noch weiter oberhalb auf türkischem Staatsgebiet gelegenen Staudammgebieten enthalten neben südmesopotamisch geprägter Keramik, wie der von Habuba Kabira, auch größere Mengen an Gefäßen einheimischer Tradition. Die gegenwärtig durchgeführten Grabungen werden bald über die nördlichste Grenze des damals recht einheitlichen Kulturgebietes von Gesamtmesopotamien und Chuzistan Aufschluß geben. Die Forschungen im syrischen Staubecken haben jedenfalls gezeigt, daß Nordmesopotamien und das Euphrattal wohl bis zum Fuß des Taurus damals für eine verhältnismäßig kurze Zeit in unmittelbarem kulturellen Zusammenhang mit dem südlichen Zentrum standen. Über die politische Organisation gibt es bislang nur Vermutungen.

11. Die Stadt und die frühen Schriftkulturen

Habuba-Kabira-Süd und sein Umland am oberen Euphrat gehörten um die Mitte des 4. Jahrtausends v. Chr. in den engeren Bereich der ältesten Schriftkulturen von Sumer und Elam. Dies wird zum Beispiel deutlich durch einen Vergleich seiner Architektur und seiner Handwerkserzeugnisse mit Funden aus den deutschen Grabungen in Uruk, der größten Stadt in Sumer, der Kernlandschaft Südmesopotamiens.
Eine völlige Übereinstimmung erkennen wir in den Bauformen hinsichtlich der Grundrisse, der Ziegelformate, der Fassadengliederung bedeutender Bauten durch Nischen und ihre Verzierung mit Stiftmosaiken. Allerdings sind die öffentlichen Gebäude in Uruk von erheblich größeren Dimensionen. Überraschend sind die Entsprechungen bei der Keramik, den Steingefäßen und den Steingeräten in Form, Material und Technik. In Habuba Kabira-Süd wie in Uruk wurden Einlegearbeiten aus verschiedenfarbigen Steinen unter Verwendung eines gleichen Kalkmörtels zum Befestigen gefunden.
Die Rollsiegel aus Habuba Kabira-Süd zeigen einen verhältnismäßig einfachen Dekor (Abb. 43). Die Abrollungen von Siegeln auf Tontafeln und tönernen Verschlüssen stammen jedoch zumeist von Siegeln mit kompliziertem Figurenschmuck (Abb. 55). Solche Sie-

Es mag sein, daß sich eine ähnliche Situation wie in unserm Staubecken noch einmal, weiter nördlich, wiederholte. Nach einer Verengung des Euphrattales von Schaich Hamdane über Qal'at Nadjam bis Qara Quzaq auf 25 km Luftlinie erweitert es sich wieder zur fruchtbaren Ebene von Djarablus (Karkemisch). Hier gibt es wiederum mehrere Fundplätze mit Keramik dieser Zeit, nicht nur eine Schicht in dem großen Tall von Djarablus selbst (55 km Luftlinie nördlich von Habuba Kabira), sondern auch in Amarna und einigen weiteren Ruinenhügeln. Erst gezielte Forschungen in dieser Gegend könnten die Situation klären.

gel hoher Qualität wurden anscheinend nur in ganz wenigen bedeutenden Städten Sumers und Elams hergestellt, während man in der ›Provinz‹ sich mit flüchtig eingeschnittenen Mustern begnügte[30]. Die besondere Stellung der Hauptstädte wird auch aus der Tatsache deutlich, daß größere Bildhauerarbeiten nur aus ihnen bekannt wurden, wie überhaupt das Repertoire ihres kunsthandwerklichen Schaffens weit reichhaltiger war als anderswo.

Die im übrigen jedoch vollkommene Übereinstimmung in der materiellen Kultur erlaubt es nun, mit Hilfe der neuen Ergebnisse zur Wohnhaus- und Festungsarchitektur, wie sie Habuba Kabira-Süd lieferte, ein genaueres Bild vom Aussehen frühsumerischer und frühelamischer Städte zu gewinnen, in denen bislang nur einige öffentliche Gebäude untersucht worden sind (vgl. oben S. 42). Die Wohnstadt von Uruk wird nicht viel anders ausgesehen haben als die von Habuba Kabira-Süd, und auch eine Mauer – allerdings ringförmig – dürfte Uruk damals bereits gehabt haben. Der berühmte Mauerbau des Königs Gilgamesch (s. oben S. 31) darf nun wohl nicht mehr als erstmalige Anlage gelten, sondern nur noch als die Erneuerung und prächtige Ausgestaltung einer älteren Umwallung gleichen Umfangs.

Die Tontafelbeschriftung beschränkt sich in Habuba Kabira-Süd und Djabal Aruda auf Zahlzeichen. Diese sind vermutlich eine Form wirtschaftlicher Aufzeichnungen aus der frühesten Phase der Schrifterfindung.

12. HANDEL

Der Fernhandel war gewiß ein bedeutender Wirtschaftsfaktor für die Bewohner des nordsyrischen Euphrattals. Er verlief sowohl in nordsüdlicher Richtung zwischen Sumer/Elam und Kleinasien als auch in ostwestlicher zum Mittelmeer und nach Iran. Die flußnahe Lage an einem wichtigen Knotenpunkt von Handelswegen gab sicher den Ausschlag für das Entstehen der volkreichen Stadt Habuba Kabira-Süd/Qannas. Was wurde hier gehandelt?

Das südliche Zweistromland produzierte beträchtliche Überschüsse aus Ackerbau und Viehzucht, besaß aber keine Bodenschätze. In den großen und reichen Städ-ten Sumers und Elams benötigte man vor allem Kupfer aus Kleinasien, Steine aus den umliegenden Bergländern und Bauhölzer, von denen einige vielleicht schon damals aus den Wäldern am Mittelmeer bezogen wurden. In kleineren Mengen wurden auch wertvolle Steine wie Karneol, Bergkristall und Lapislazuli eingeführt. Die einzigen in Frage kommenden Lapislazuliminen liegen im nordöstlichen Afghanistan. Die Herkunft der andern Steine ist noch nicht geklärt. Den zum Abdichten und Verschmieren verwendeten Bitumen (= Asphalt) gibt es im Zweistromland an vielen Stellen. In Habuba Kabira-Süd fanden wir zwei Depots von jeweils mehreren mit Bitumen gefüllten Körben.

Handelsgüter wurden durch Versiegeln vor fremdem Zugriff geschützt. Mündungen von Gefäßen und Knoten von verschnürten Paketen umschloß der Absender mit Lehm und sicherte diesen Verschluß mit Abrollungen seines Siegels (Abb. 55, 56 unten und 57). Erst der legitime Empfänger war berechtigt, sie aufzubrechen. In den Häusern von Habuba Kabira-Süd wurden viele solcher Verschlußfragmente gefunden. Man konnte der Sendung auch eine Tontafel mitgeben, die gesiegelt wurde und durch eingedruckte Zahlenzeichen die Menge der Güter bestätigte (Abb. 56 oben). Ziffern waren gelegentlich auch in die Verschlüsse selbst eingedrückt. Von besonderem Interesse sind gesiegelte hohle Tonbälle (Abb. 58), die im Innern eine Anzahl besonders geformter Tonsymbole enthielten. Außen wurden solche Symbole in gleicher Anzahl eingedrückt. Wahrscheinlich besagte die Form der Symbole (Abb. 58 unten) etwas über die Art der Ware. Gewisse Ähnlichkeiten mit sumerischen Schriftzeichen führten zum Versuch, ihre Bedeutung auf Grund der lesbaren Zeichen zu ermitteln (Abb. 59). Denise Schmandt-Besserat[31] hält diese Symbole

30 W. Nagel, Djamdat Nasr-Kulturen und frühdynastische Buntkeramiker: Berliner Beiträge zur Vor- und Frühgeschichte 8 (Berlin 1964).

31 The Earliest Precursor of Writing: Scientific American 238 No. 6 (1978) 50 ff.; – dieselbe, An Archaic Recording System in the Uruk-Jemdet Nasr Period: American Journal of Archaeology 83 (1979) 19 ff.

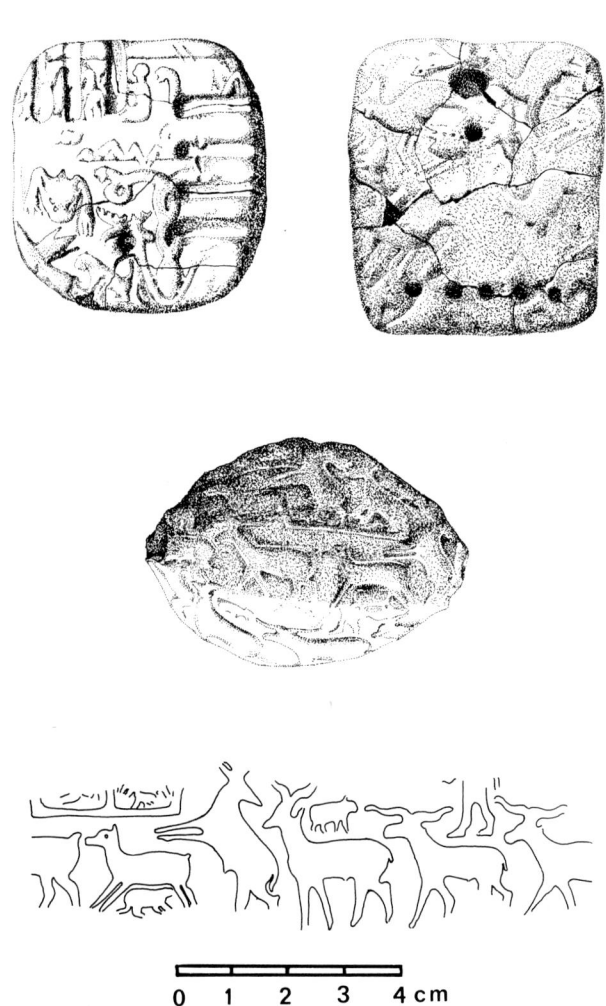

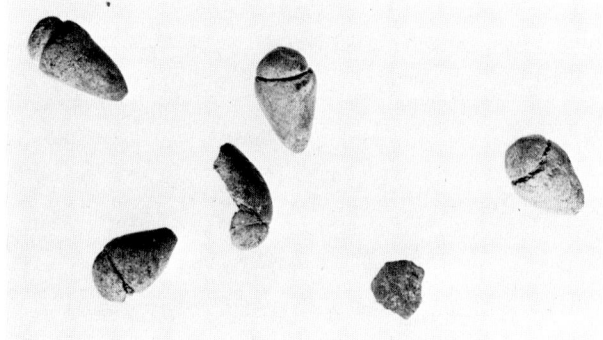

Abb. 56   Gesiegelte Tontafeln mit Zahlzeichen (die linke 5,2 cm breit) und tönerne Bulle mit Siegelabrollung sowie Rekonstruktion des abgerollten Siegels durch Muhammad Roumi

Abb. 58   Gesiegelter Tonball (Durchmesser 6,3 cm) und tönerne Symbole für »Öl«

Abb. 57   Hälfte einer gesiegelten Bulle, Außen- und Innenseite, Länge 7,4 cm

für das älteste System einer ›Buchführung‹, dessen Tradition sie bis in das 9. Jahrtausend v. Chr. zurückführen möchte. In der Zeit von Habuba Kabira-Süd wird das bereits altbekannte und noch einfache System weiter ausgebaut, indem sich das Repertoire seiner Formen stark erweitert und die Tonsymbole gelegentlich in den gesiegelten, kugeligen ›Umschlägen‹ wie Abb. 58 aufbewahrt oder zum Aufziehen auf eine Schnur durchbohrt werden.

13. DAS ENDE DER STADT

Die Stadt Habuba Kabira-Süd/Qannas bestand nur kurze Zeit. Auch dort, wo die Baureste etwas besser erhalten waren, konnten wir höchstens drei aufeinanderfolgende Phasen erkennen. Wenn man daraus eine ungefähre Besiedlungsdauer von 150 Jahren erschließt, so ist dies ein Maximalansatz. Auch die niederländischen Ausgräber des regionalen Zentrums auf dem Djabal Aruda stellten dort drei Bauperioden fest. Sie rechnen jedoch mit einer höchstens hundertjährigen, vielleicht sogar wesentlich kürzeren Geschichte. Die übereinstimmenden Ergebnisse an den beiden genannten Plätzen lassen zwar der Mutmaßung über die Dauer noch einen gewissen Spielraum, beweisen jedoch eine Kurzlebigkeit der wirtschaftlichen Blüte unseres Talgebietes im 4. Jahrtausend v. Chr. Welche Gründe zu ihrem Ende führten, ist unbekannt. Offensichtlich handelte es sich um ein Ereignis von großer Tragweite. Es könnten politische Veränderungen gewesen sein, die sich auch auf die Handelswege auswirkten. Im Falle des Djabal Aruda meinen die Ausgräber, ausreichende Hinweise auf eine Brandkatastrophe gefunden zu haben, welche die letzte Bauphase zerstörte. Auch in Habuba Kabira-Süd wurden mehrere abgebrannte Häuser beobachtet. Ein alles gleichzeitig vernichtender Großbrand ist hier jedoch aus den überkommenen Resten nicht zu erschließen. Andererseits läßt die Zerstörung des Zentralbereiches im Tall Qannas durch Brand die Vermutung eines gewaltsamen Endes nicht abwegig erscheinen.

Ganz offensichtlich wurde mit dem Ende von Habuba Kabira-Süd/Qannas und Djabal Aruda die gesamte Gegend für mehrere Jahrhunderte von der seßhaften

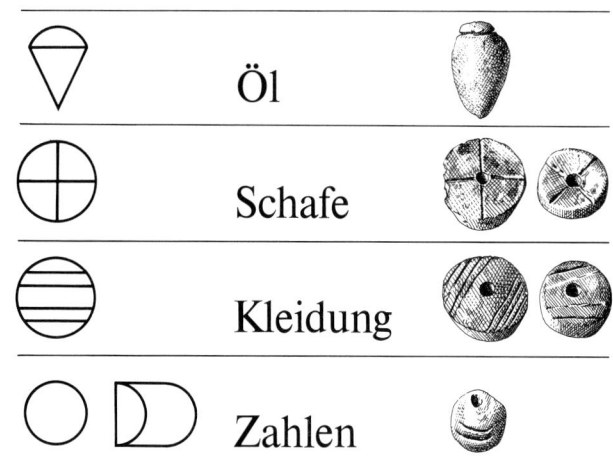

Abb. 59   Gegenüberstellung von Schriftzeichen aus Uruk (links) mit entsprechend geformten Tonsymbolen aus Habuba Kabira-Süd

Bevölkerung verlassen; denn auch an anderen Stellen gibt es keine unmittelbar anschließenden Nachfolgesiedlungen.

Das Gelände der Wohnstadt Habuba Kabira-Süd wurde auch später nie wieder besiedelt; in der zweiten Hälfte des 3. und gegen Beginn des 2. Jahrtausends v. Chr. wurde es nur gelegentlich zum Bestatten verwendet, vermutlich von den Bewohnern des Tall von Habuba Kabira und des Tall Qannas. Meist waren es einfache Erdgräber mit nur wenigen Gefäßbeigaben. Eine etwas reichere aus Lehmziegeln gemauerte Gruft enthielt dazu eine größere Anzahl von Gewandnadeln und einige Waffen aus Kupfer.

In römischer Zeit zog sich über das gesamte ufernahe Gelände ein großer Friedhof mit verschiedenen Arten von Beisetzungen: Schachtgräber, über denen ein Erdhügel (= Tumulus) aufgeschüttet war, Sarkophage aus Terrakotta (Abb. 60) und Stein, aus Dachziegeln zusammengefügte Kisten sowie Erdgräber mit einer Abdeckung aus nebeneinandergelegten großen Flaschen. Von den offensichtlich nicht sehr reichen Beigaben war wenig erhalten: Einige Tongefäße, Scherben von Gläsern, Perlen, Spinnwirtel, Terrakotten und rautenförmige Plättchen aus dünnem Goldblech zum Abdecken der Augen und des Mundes (Abb. 61).

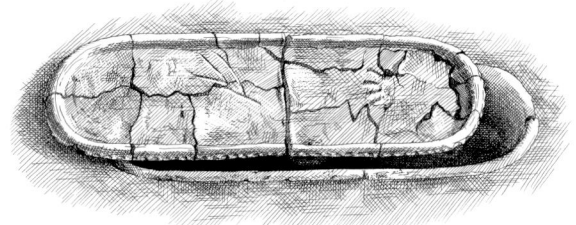

Abb. 60 Wannenförmiger Sarkophag aus Terrakotta mit Deckel, Länge 184 cm

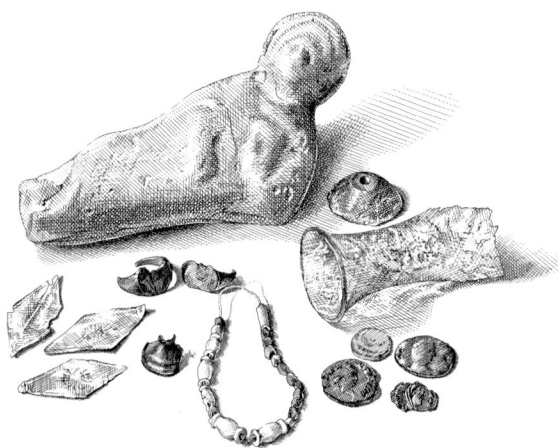

Abb. 61 Römische Grabbeigaben

Die sehr kurze Geschichte der Stadt Habuba Kabira-Süd/Qannas begünstigte ihre Erforschung, denn ihre nicht wieder überbauten Lehmziegelhäuser waren unmittelbar unter dem gepflügten Erdreich des Ackers in etwa 30 cm Tiefe aufzuspüren. Nur Regen und Erosion durch den meist heftigen Westwind haben auf größeren Flächen alle Reste früherer Ansiedlung beseitigt. Dort, wo sie überdauerten, war das Stadtbild jedoch vollständig und mit nur geringer Erdbewegung zu erschließen. Die Bedeutung des Ortes und die Gunst der Verhältnisse veranlaßten die Ausgräber dazu, ihr Programm vor allem auf städtebaulich-architektonische Fragestellungen zu konzentrieren. Dies führte zu einer großflächigen Grabung und in wenigen Jahren zur Kenntnis einer frühorientalischen Stadt von bisher einzigartiger Vollständigkeit. Die oft nur wenige Zentimeter, an keiner Stelle mehr als 1½ m hoch erhaltenen Reste ließen erkennen, daß die drei Bauschichten sich in ihren Anlagen nicht wesentlich voneinander unterschieden. Daher konnten wir unsere Bemühungen auf die Freilegung eines möglichst großen Areals konzentrieren, wobei wir in Kauf nahmen, daß viele Funde im Boden zurückblieben. Zur Ermittlung des üblichen Hausinventars legten wir vorrangig die abgebrannten Häuser bis zu den Fußböden frei. Erfahrungsgemäß geben solche besonders gute Aufschlüsse.

Teil III: Die Ergebnisse im Tall von Habuba Kabira

Abb. 62   Blick von der Spitze des Tall Habuba Kabira auf das Grabungsareal im Südosten, Expeditionslager, südliches Dorf und Euphrattal

Abb. 63   Eine Schnittwand in Tall Habuba Kabira mit Lehmziegelmauern, horizontalen Benutzungsniveaus und einer tief einschneidenden Störung (links)

Eine andere Strategie als die südliche Grabungsstelle erforderte in Habuba Kabira die Untersuchung des Talls (Abb. 62). Er liegt nördlich der großen frühgeschichtlichen Stadt und wie diese auf dem östlichen Randstreifen der westlichen Flußterrasse (Abb. 12).

Sein Grundriß ist unregelmäßig oval mit einem größten Durchmesser von etwa 230 m. Er besteht aus bis zu 9 m hoch erhaltenem Siedlungsschutt, der zum Euphrattal hin steiler ansteigt als zum Binnenland.
An diesem Tall hatten im Frühjahr 1969 die Grabungs-

arbeiten der Deutschen Orient-Gesellschaft in Habuba Kabira begonnen. Sie mußten sich auf den südöstlichen Sektor des Ruinenhügels beschränken, da die restliche Kuppe von einem modernen Friedhof bedeckt ist (Abb. 2). Innerhalb dieser begrenzten Fläche war es unser Ziel, Aufschluß über die Geschichte des Talls zu gewinnen, über die Art seiner Bebauung, seine Funktion und die entsprechenden ›Kleinfunde‹. Eine systematische Schichtgrabung, wie sie am Tall erforderlich war, erlaubt es, Veränderungen der materiellen Hinterlassenschaften einer Siedlung über eine lange Zeit zu verfolgen und neue Hinweise auf die Datierung einzelner Typen zu gewinnen. Zudem hatten wir dem Gesamtziel aller Expeditionen Rechnung zu tragen: der Rekonstruktion des Altertums in der Staudammregion. Wir mußten dazu nicht nur die Siedlungszeiten auf dem Tall feststellen, sondern auch seine Funktion im Gesamtgefüge aller Niederlassungen erkunden.

1. Baureste und Siedlungsgeschichte

Die zwanzig Besiedlungsschichten (Abb. 63) entstanden in annähernd zwei Jahrtausenden, wobei der Tall gegen Ende des 4. und am Beginn des 3. Jahrtausends längere Zeit unbewohnt war[32].

Schicht 1 enthält die Reste der ältesten Besiedlung, die gleichzeitig mit der frühgeschichtlichen Stadt Habuba Kabira-Süd ist. Wir wissen nicht, welche Art von Gebäuden hier damals errichtet wurden. Es mag sein, daß es sich um eins der Gehöfte handelt, von denen es im Umkreis der Stadt mehrere gab. Vielleicht war es aber auch eine bedeutendere Anlage, denn wir fanden im jüngeren Schutt mehrere der bekannten Tonnägel von Stiftmosaiken, die sonst nur im Tall Qannas und auf dem Djabal Aruda – also im Zusammenhang mit öffentlichen Gebäuden – vorkommen (vgl. Abb. 24). Die Bauten der Schicht 1 lagen außerhalb unseres Grabungsgebietes mehr im Zentrum des Talls unterhalb des Friedhofes und daher für uns unerreichbar. So sind nur einige Gruben im gewachsenen Boden, verstreute Ziegel, ein kleiner Ofen und Keramikscher-

ben unsere wichtigsten Hinweise auf die ältesten Siedler.

Gemeinsam mit dem Ende der frühgeschichtlichen Stadt Habuba Kabira-Süd setzte eine längere Besiedlungslücke ein, die augenscheinlich die gesamte Talregion betraf (s. oben S. 15). Danach entstand eine Ansammlung kleiner Handwerkergehöfte innerhalb eines starken Mauerrings. Sie wurde später zu einem Herrschaftssitz mit Schutzfunktion für das Umland. Diese Entwicklung hinterließ ihre Spuren in neunzehn Schichten mit jeweils verschiedenen Phasen, in denen geringere Veränderungen vorgenommen wurden. Hier kann nur das Wichtigste zusammengefaßt werden. Die Neubesiedlung geschah vielleicht gleichzeitig mit der des regionalen Zentrums in Salankahiyya etwa 8 km weiter im Süden.

Schicht 3 (Abb. 64) ist recht gut erhalten, weil große Teile der Bebauung durch Brand zerstört wurden. Einer Umfassungsmauer sind im Innern die Räume zweier Gehöfte angebaut. Pfeiler verstärken und halten die Mauern. Während vom nördlichen Gehöft nur zwei Räume angeschnitten werden konnten, ist das südliche mit vier Räumen und zwei Höfen vollständiger untersucht. Als es durch eine Brandkatastrophe zerstört wurde, blieb vieles vom Inventar an Ort und Stelle liegen. Wir können dadurch feststellen, daß der nördliche Bereich zum Wohnen diente, der südliche eine Werkstatt enthielt. In einem der Räume standen außer einer eingebauten Eckbank drei fest installierte Becken, die möglicherweise zum Aufbereiten von Ton bestimmt waren (vgl. unten S. 76 und Abb. 73).

Schicht 5 (Abb. 65) zeigt eine Erweiterung des geschützten Gebietes durch eine Verlagerung der Südmauer um 5 m nach Süden. Ein Massiv in der Südostecke mag einen Turm getragen haben. Durch das Tor führte ein kiesgepflasterter Weg in einen großen Hof. Östlich davon, an der Umfassungsmauer, lagen zwei

---

32 Die Darstellung der Schichten basiert auf der provisorischen Synopsis von J.-C. Heusch, Tall Habuba Kabira im 3. und 2. Jahrtausend – Die Entwicklung der Baustruktur: J. Margueron, Colloque – Le moyen Euphrate, zone de contacts et d'échanges – Strasbourg 1977.

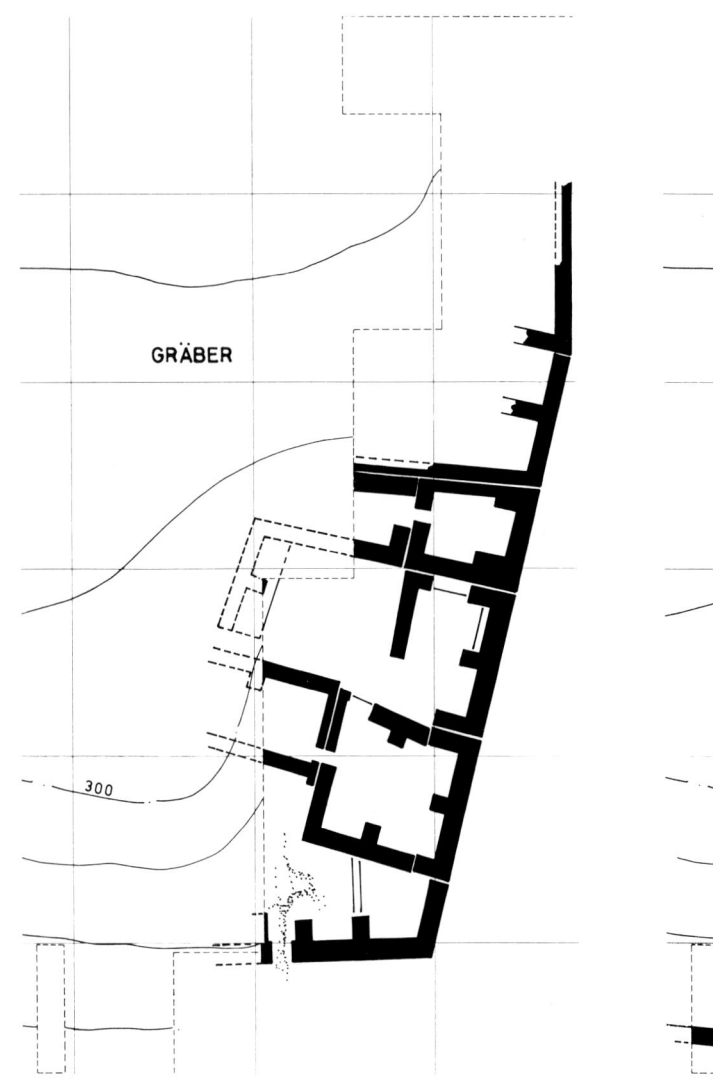

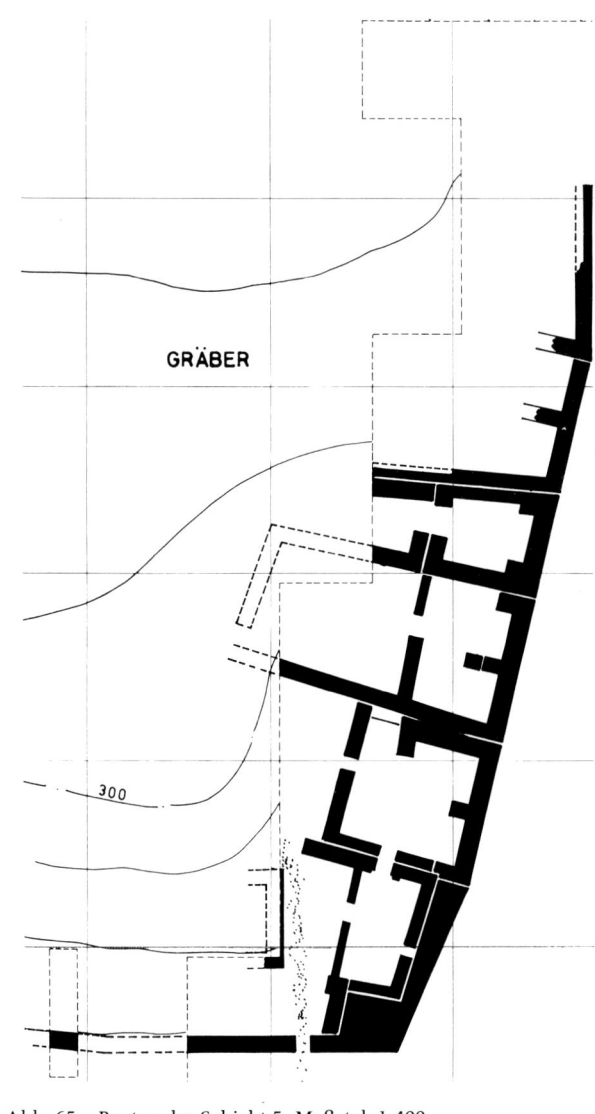

Abb. 64   Bauten der Schicht 3, Maßstab 1:400

Abb. 65   Bauten der Schicht 5, Maßstab 1:400

miteinander durch eine Tür verbundene Werkstatträume. Hier wurde Schmuck aus verschiedenfarbigen
Steinen, Muscheln und Schnecken hergestellt. Wir
fanden Rohmaterial, unfertige Perlen und Werkzeuge
(vgl. unten S. 77 f.). Der nördlich anschließende Teil des
Hauses diente anscheinend weiterhin zum Wohnen.

Schicht 6 (Abb. 66) zeigt grundsätzlich noch die gleiche Anlage der Wohn- und Werkstatträume sowie ein

Fortführen der Schmuckproduktion. Die Umfassung
ist jetzt durch eine Vormauerung erheblich verstärkt.
Südlich des befestigten Gebietes fanden wir einige
Gräber, in denen gleiche Perlen lagen wie sie die
Werkstatt produzierte, dazu kupferne Gewandnadeln, weibliche Terrakottafiguren (ähnlich Abb. 78)
und Keramik. Ähnliche Beigaben enthielten auch einige der oben S. 65 genannten Bestattungen im Gelände von Habuba Kabira-Süd. Etwa um jene Zeit

GRÄBER

300

Abb. 66   Bauten der Schicht 6, Maßstab 1:400

GRÄBER

300

Abb. 67   Bauten der Schicht 7, Maßstab 1:400

wurde anscheinend auch die Ruine des einstigen Stadtzentrums, das heutige Tall Qannas, wieder besiedelt.

Schicht 7 (Abb. 67) ist großräumiger bebaut und enthält mehr Freiflächen. Neben die Schmuckherstellung trat offensichtlich ein anderes Gewerbe, das große flache Becken benötigte. Diese sind außen von einem Kranz aus Lehmziegeln umfaßt und innen mit Kieseln in mehreren Schichten ausgelegt. Die leicht konkave

Oberfläche war dann mit feinem Lehm verschmiert, glatt gestrichen und von oben durch Brand gehärtet. Solche Vorrichtungen mögen zum gelegentlichen Hantieren mit Wasser verwendet worden sein, aber auch zum Auslegen und Trocknen bestimmter Produkte. In der Nachbarschaft gefundene Farbreste könnten auf das Färben von Textilien hindeuten. Gleiche Installationen gab es auch noch in den darüberliegenden Schichten.

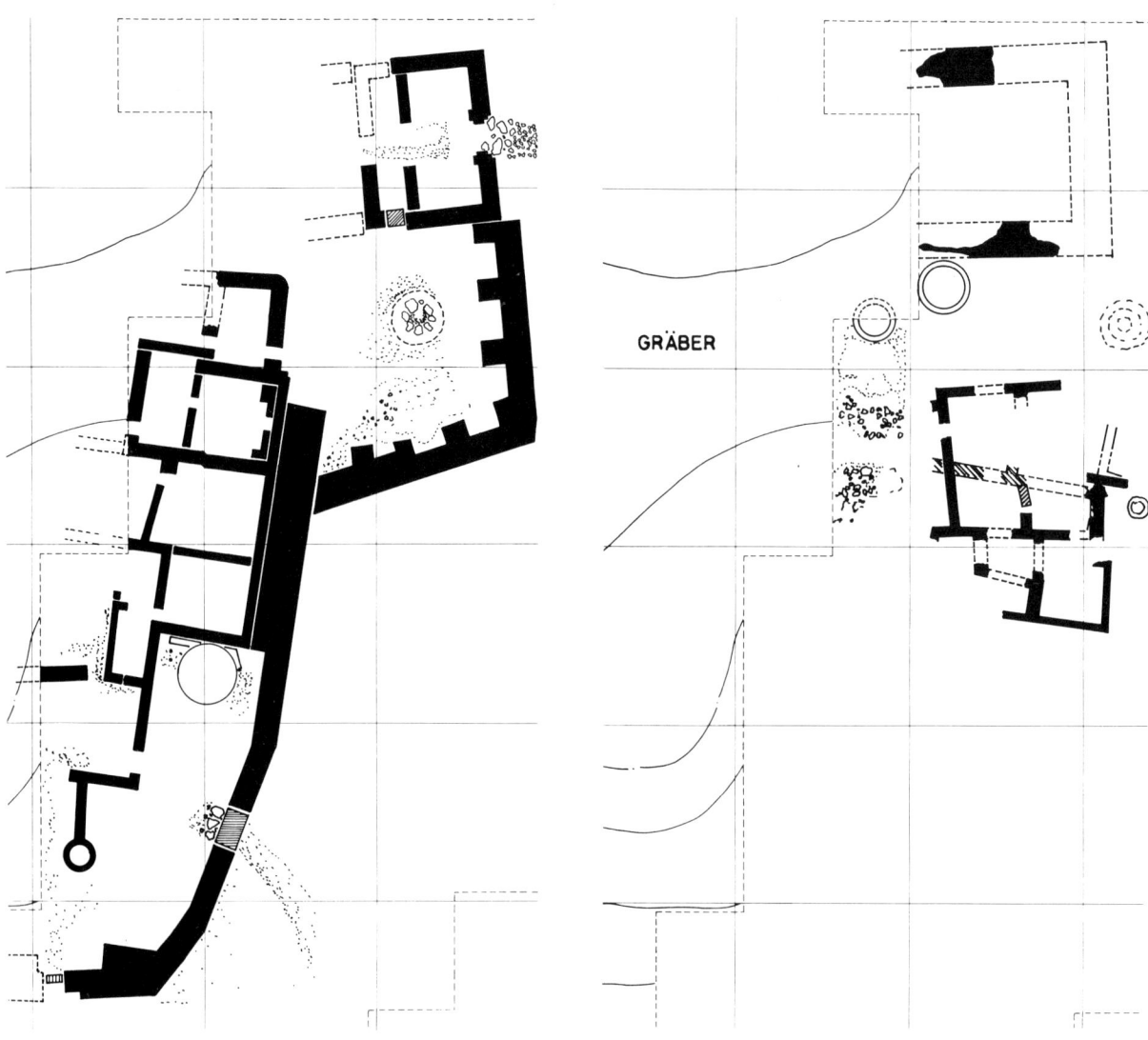

Abb. 68   Bauten der Schicht 10, Maßstab 1:400

GRÄBER

Abb. 69   Bauten der Schichten 17–20, Maßstab 1:400

Schicht 10 (Abb. 68) läßt eine grundsätzliche Umgestaltung erkennen, die mit einer Änderung der Bautechnik verbunden ist, einer Steinfundamentierung und einer größeren Sorgfalt beim Herstellen und Verlegen der Lehmziegel. Damals besaß die Siedlung ihre größte Ausdehnung auch außerhalb des befestigten Bereiches. Die an der Peripherie gefundenen Baureste zeigen im Westen eine größere Geschlossenheit und ferner einzelne verstreute Gehöfte. Ein solches Gehöft

wurde im Bereich des heutigen Dorfes Habuba Kabira-Süd untersucht. Seine Gleichzeitigkeit mit einer bestimmten der mittleren Tall-Schichten ist noch zu überprüfen.

Das südöstliche Areal blieb trotz eines Neubaus in einen Wohn- und einen Arbeitsbereich getrennt. Dabei war der Arbeitsbereich eine einheitliche Freifläche, die nun nicht mehr von Süden, sondern nur von Osten her zugänglich war.

Größere Veränderungen erfuhr der weiter im Norden gelegene Abschnitt. Hier entstand ein Torgebäude mit einem gepflasterten Weg, der den Hang hinab zum Euphrat führte. Südlich des Tores wurde vor der alten Befestigung hinter einer Stützmauer aus Lehmziegeln eine Terrasse aufgeschüttet und auf dieser ein Brunnen angelegt.

Südlich der Terrasse, im Winkel zwischen ihr und der alten Mauer stand außerhalb ein Töpferofen (vgl. unten S. 76 f. Abb. 74 und 75).

Schicht 11 enthielt einen offensichtlich bedeutenden Bau, der über dem rückwärtigen Teil des großen Tores auf einem mächtigen Fundament aus großen Kalksteinen stand. Nur wenige Mauern lagen in unserm Grabungsgebiet, so daß wir nichts über den Grundriß und den Zweck der Anlage ermitteln konnten. Die Dimensionen lassen auf ein öffentliches Gebäude oder einen Herrensitz schließen.

In *Schicht 14* ist das befestigte Areal im Südosten durch eine neugebaute Umfassungsmauer beträchtlich erweitert. Zugleich scheint die Bebauung im Innern zurückgegangen zu sein. Die Lehmziegel tragen einfache Zeichen, die mit den Fingern in den noch weichen Lehm gezogen sind, vielleicht Fabrikationsmarken. Neben den seit Schicht 7 üblichen flachen Becken gibt es jetzt Gußformen aus Kalkstein zur

Herstellung einfacher Werkzeuge aus Kupfer sowie einige Erzeugnisse der Gießerei und Gußtiegel (vgl. unten S. 78 f. Abb. 81). Der nur dünn besiedelte, jedoch gut befestigte Tall scheint als eine Art Fluchtburg gedient zu haben.

Schicht 17–20 (Abb. 69) sind stark gestört und ihre geringere Bebauung mit kleinteiligen Häusern ließ sich nur unvollständig ermitteln. Allerdings bestanden die runden Beckenanlagen, die wir für Installationen eines Handwerks halten, bis in die Endphase der Besiedlung.

Die Tongefäße der jüngsten Siedler waren häufig mit geometrischen Mustern verziert, die mit Hilfe eines schmalen Kammes vor dem Brand in die noch weiche Oberfläche eingeritzt worden sind (Abb. 70). Ebenfalls aus dieser Zeit sind die beiden Scherben Abb. 71, die auf den Innenflächen schriftartige Zeichen tragen. Ihre Ähnlichkeit mit Zeichen des phönikischen Alphabets ist augenfällig. Man darf daher vermuten, daß sie einer frühen Form westsemitischer Konsonantenschriften zuzurechnen sind[33].

Die Ansiedlung auf dem Tall Qannas scheint nach dem Verlassen des Tall Habuba Kabira noch einige Zeit fortbestanden zu haben. Die Stadt Salankahiyya war bereits vorher aufgegeben worden.

33 I. J. Gelb, A Study of Writing (2. Aufl. Chicago 1965) 122 ff.

Abb. 70 Scherbe, deren Dekor mit Hilfe eines Kammes eingeritzt wurde, Höhe 11 cm

Abb. 71 Scherben mit schriftähnlichen Zeichen, Größe der linken 7,5 × 5,4 cm

2. Wohnen und Handwerk

Wenige Funde weisen auf das ›tägliche Leben‹ der ehemaligen Bewohner von Habuba Kabira-Tall; weitaus die meisten sind Geräte, Material und Produkte spezieller handwerklicher Tätigkeiten. Ein Zeichen dafür, daß hier jedoch nicht nur gearbeitet, sondern auch gewohnt wurde, ist z. B. eine Bestattung unter dem Fußboden eines Raumes (Abb. 72). Der hier in seinem Hause beigesetzte Verstorbene blieb weiterhin

Abb. 73   Werkstattraum mit Anlage zur Tonaufbereitung(?)

◀ Abb. 72 *(links)*   Bestattung unter dem Fußboden eines Hauses

Mitglied der Familie. Für seinen weiteren Unterhalt wurden ihm Nahrungsmittel und Tongefäße ins Grab gelegt.

Ebenso wie in der frühgeschichtlichen Stadt Habuba Kabira-Süd wurden auch in den verschiedenen Ansiedlungen auf dem Tall von Habuba Kabira Geräte aus Flint und Osidian in Klingentechnik hergestellt. Die Verarbeitung von Ton zu Gefäßen, Tier- und Menschenfiguren sowie Wagenmodellen ist durch eine vermutliche Tonaufbereitungsanlage, einen Töpferofen und den Fund noch ungebrannter Figuren belegt. In den Werkstätten der Schichten 5 bis 7 wurde einfacher Schmuck aus Stein, Muscheln und Schneckenhäusern gefertigt, in Schicht 14 und 15 gegossenes Kupfergerät.

Die Handwerker produzierten für den Eigenbedarf ihrer Siedlung und zur Versorgung der Bauern und Nomaden des Umlandes. Obgleich das Gebiet von Habuba Kabira auch in der jüngeren Zeit wohl noch in der Nähe eines wichtigen Handelsweges lag, besaß es keine überregionale Bedeutung mehr. Eine solche Funktion hatten damals andere Orte, wie das größere Salankahiyya, übernommen.

Vermutlich eine Anlage zur Tonaufbereitung:

In einem Raum der Schicht 3 standen drei schwach gebrannte Behälter mit eingetrocknetem Ton (Abb. 73). Sie sind aus Ton an Ort und Stelle geformt worden und waren fest mit dem Fußboden verbunden. Ihre Durchmesser betrugen zwischen 60 und 36 cm. Der kleinste Behälter besaß 5 cm über dem Boden seitlich eine ovale Öffnung. Neben ihm lag eine bauchige Keramikflasche. Im übrigen enthielt der Raum mehrere weitere Flaschen und Schalen, einen geschnitzten Knochengriff von einem Gerät und durchbohrte Steinscheiben.

Möglicherweise dienten die drei fest installierten Becken in Verbindung mit dem Keramikinventar des Raumes zur Aufbereitung von Ton. Dieses viel verwendete Rohmaterial muß nach seiner Entnahme aus dem Boden vor der weiteren Verarbeitung durch Ausschlämmen von Verunreinigungen befreit und dann derart mit Wasser versetzt werden, daß eine zähflüssige formbare Masse entsteht. Dieses kann in Behältern wie den gefundenen geschehen sein, wobei man überflüssiges Wasser abschöpfte oder, wie bei dem kleinsten Becken, ablaufen ließ.

Abb. 74   Töpferofen mit Lochtenne

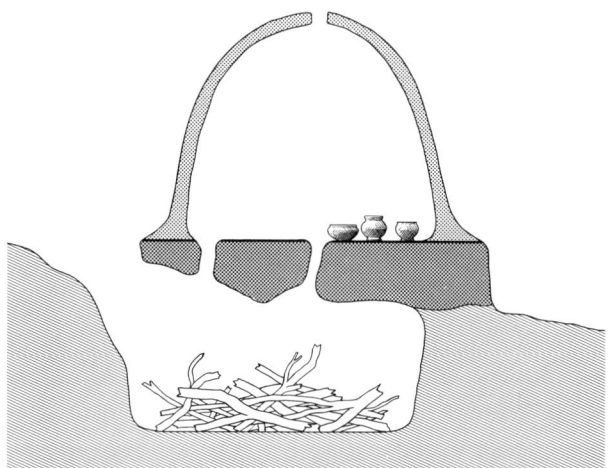

Abb. 75   Töpferofen, schematischer Schnitt

Töpferofen:

Außerhalb des befestigten Areals fanden wir in Schicht 10 einen gut erhaltenen Töpferofen (Abb. 74 und 75). Seine Errichtung im Osten des bewohnten Bereiches geschah vielleicht nicht ohne Grund. Da ähnlich wie heute auch im Altertum westliche Winde vorherrschten, wurde der Rauch von der Siedlung fortgetrieben.

Der Ofen war auf dem Hang des Hügels in und über einer Grube errichtet. Er bestand aus einer Feuerungs- und einer Brennkammer, die eine Lochtenne voneinander trennte. Zum Brennen wurde die Feuerungskammer durch einen seitlichen Schacht beschickt. Zwölf Kanäle leiteten dann die Hitze von hier durch die Lochtenne in die darüber gelegene Brennkammer. Dort stand das Brenngut auf der Tenne. Die Lochtenne war solide aus Lehmziegeln aufgebaut. Die Brennkammer dagegen erhielt bei jeder Benutzung zumindest partiell eine neue kuppelförmige Überdeckung aus Reisig und Lehm. Nach Abschluß des Brandes mußte die Kuppel zur Entnahme des gebrannten Materials geöffnet und dabei teilweise zerstört werden. Daher fanden wir in der Umgebung des Ofens Bruchstücke

von der Wandung in großer Zahl, dazu natürlich viel Asche vom wiederholten Säubern der Feuerungskammer.

Regulierbare Öfen ähnlich diesem gab es im Alten Orient seit dem späten 5. Jahrtausend v. Chr. In ihnen wurden gewiß nicht nur Gefäße (Abb. 76 und 77) gebrannt, sondern auch anderes Gerät, das man aus Ton herstellte. So fanden wir in Habuba Kabira neben gebrannten auch ungebrannte Tonfiguren von Tieren und Menschen, die vermutlich am Ort selbst gebrannt werden sollten. Abb. 78 zeigt eine solche fertige Terrakottafigur, eine frei mit der Hand modellierte Frau mit komplizierter Frisur sowie reichem Ohr- und Halsschmuck.

Schmuckproduktion:

In den Werkstätten zur Herstellung von einfachen Perlen und tiergestaltigen Amuletten (Abb. 79) wurden rohes Steinmaterial, Muscheln, Schneckenhäuser, weiße und rote Farbreste, Arbeitsplatten, Geräte, Halbfertig- und Fertigfabrikate gefunden. Auf Grund der verschiedenen, erhaltenen Zwischenstadien kön-

Abb. 76   Scherbe mit plastisch aufgesetztem Tier, Höhe 15,2 cm

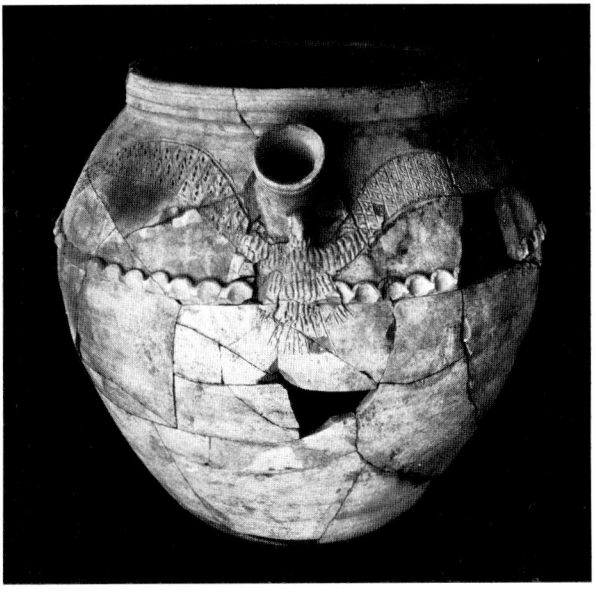

Abb. 77   Tüllentopf mit der Darstellung eines Adlers, Höhe 47,2 cm

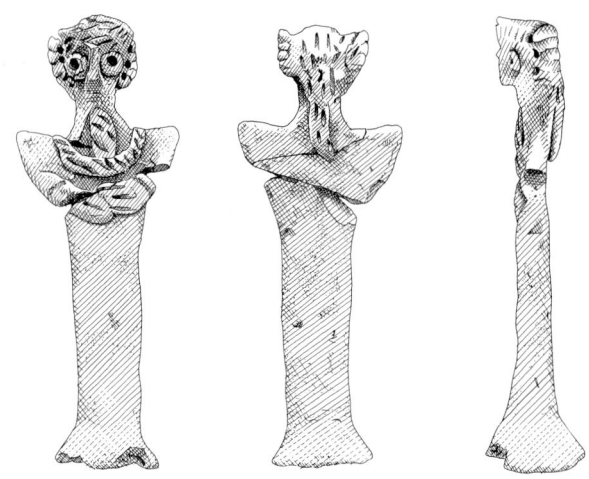

Abb. 78   Weibliche Figur aus Terrakotta, Höhe 12,1 cm

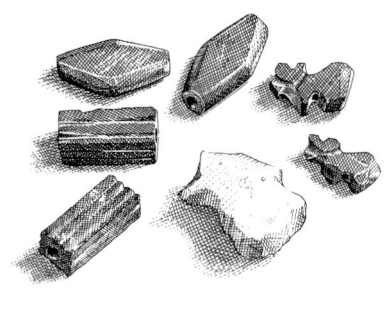

Abb. 79   Perlen aus rotem und weißem Stein, Länge der vierkantigen 2 cm

nen wir die Abfolge der Arbeitsvorgänge beim Anfertigen von Perlen aus Kalkstein und Alabaster leicht ermitteln. Zunächst wurde aus rohen Steinstücken die gewünschte zylindrische Form grob zugeschnitten. Da die verwendeten Rohmaterialien verhältnismäßig weich sind, ließ sich dies mit Hilfe von Messerklingen aus Flint und Obsidian bewerkstelligen. Dann erfolgte die Durchbohrung, die mit einem feinen Bohrer von beiden Seiten vorgetrieben wurde. Dabei war vor allem auch darauf zu achten, daß die Achse möglichst genau eingehalten wurde und sich so beide Bohrkanäle in der Mitte trafen. Hierbei geschah es verhältnismäßig häufig, daß die Perle auseinanderplatzte. Daher schliff man ihre Außenseite erst zu, wenn dieser kritische Arbeitsgang geglückt war. Zur Herstellung dünner Scheibenperlen wurden von einem länglichen Steinstück entsprechend feine Scheiben abgesägt. Es folgten dann – wie bei den Zylindern – Durchbohrung und Glättung[34].

Ein vereinzelt gefundenes und nur zur Hälfte erhaltenes Rollsiegel, von dem die Abrollung Abb. 80 stammt, darf gewiß nicht als Hinweis auf die Tätigkeit von Siegelschneidern in Habuba Kabira-Tall gelten. Ihr Können mußte weit größer sein als es zum Anfertigen der Perlen Abb. 79 gefordert ist. Hauptprobleme der Rollsiegelgraveure waren die Herstellung eines

Negativbildes und die korrekte Aufteilung des Dekors über den Zylindermantel. Unser Siegel Abb. 80 zeigt allerdings eine recht einfache Komposition: wohl zwei nach links schreitende Tiere, von denen das erhaltene ein Rind ist. Im Raum über ihm schweben Sonnen- und Mondzeichen.

Kupferverarbeitung:

Die Verarbeitung von Kupfer in Schicht 14 wird durch zahlreiche Funde belegt: Rohmaterial in Form von Gußkuchen, eine Terrakottaröhre von einem Blasebalg, Gießpfannen, die zum Einfüllen des geschmolzenen Metalls in die Formen dienten, mehrere Gußformen aus Kalkstein (Abb. 81) für einfache Werkzeuge und Geräte und schließlich die aus solchen Formen gegossenen Objekte. Die Gußformen waren nur einschalig. Sie enthielten die Negative für mehrere Gegenstände, die gleichzeitig produziert werden konnten. Auf drei Beilblättern fand sich nach dem Reinigen dasselbe Zeichen eingraviert oder eingepunzt (Abb.

34 Zu einer Werkstatt für Karneolperlen in Uruk vgl. A. von Müller: Berliner Jahrbuch für Vor- und Frühgeschichte 3 (1963) 187 ff.

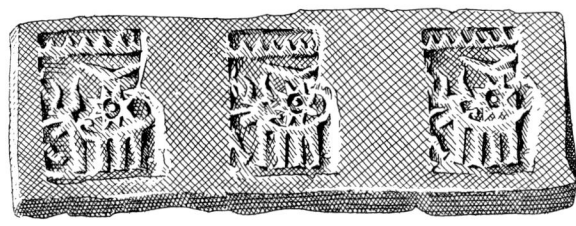

Abb. 80   Abrollung eines halben Rollsiegels, Siegelhöhe 2,4 cm

Abb. 81   Gußform aus Kalkstein und kupfernes Beilblatt mit eingepunztem Zeichen, Größe der Form 45 × 33 cm.

81). Es war entweder eine Fabrikations- oder eine Besitzermarke. Merkwürdigerweise kommt eben dieses Zeichen auch auf verschiedenartigen Keramikgefäßen vor.

Es zeigt sich, daß sie aus Kupfer bestehen, dessen natürliche Verunreinigung in wechselnder Konzentration auftritt. Dies deutet auf eine unterschiedliche Herkunft des Rohmaterials hin. Allerdings können wir nicht feststellen, aus welchen Minen es bezogen wurde. Die Erforschung der Erzvorkommen im Orient steckt noch in den Anfängen. Außerdem war es üblich, beschädigte oder außer Gebrauch geratene Metallobjekte einzuschmelzen und wiederzuverwenden. Solche mehrfach zusammengeschmolzenen Materialien geben natürlich keinerlei Hinweis mehr auf die ursprüngliche Herkunft der Rohstoffe. Auf dem Tall von Habuba Kabira fanden wir in einer großen Kera-

mikflasche das Metalldepot eines Kupfergießers, das neben Gußkuchen auch verschiedene, zum Teil beschädigte Objekte enthielt, die offensichtlich zum Einschmelzen bestimmt waren. Obgleich schon aus dem südmesopotamischen ›Königsfriedhof‹ von Ur kurz vor der Mitte des 3. Jahrtausends v. Chr. die bisher älteste Bronze bekannt ist, hat es sich herausgestellt, daß in den folgenden Jahrhunderten diese Legierung aus Kupfer und Zinn noch selten blieb. Man verarbeitete über lange Zeit noch zumeist natürliches Kupfer. Baureste wie Fundobjekte zeigen, daß die Ansiedlung von Habuba Kabira-Tall eine ganz besondere Funktion besaß. Wohn- und Arbeitsstätten waren eng miteinander verbunden. Wenn wir annehmen, daß die vorwiegende Erwerbsquelle in Habuba Kabira-Süd der Handel war, so war es in Habuba Kabira-Tall die Produktion einfacher Handwerkserzeugnisse.

Einige Metallgeräte wurden analysiert:

	Kupfer	Zinn	Zink	Blei	Nickel	Eisen	Antimon	Silber	Arsen
Beilblatt	95,76	0,40	0,003	0,19	0,24	1,04	0,030	0,053	2,28
Nadel	96,97				0,78	1,25	0,127	0,029	0,84
Nadel	96,41		0,007	2,26	0,04	0,59	0,017		0,68

79

Nachwort

Die hier vorgelegten Forschungsergebnisse sind das Resultat weniger Jahre intensiver Arbeit. Dabei mußten wir angesichts der begrenzten Zeit von vornherein davon ausgehen, daß die uns zugeteilte Region keineswegs mehr vollständig erkundet werden konnte. Wir waren vielmehr gezwungen, uns auf jene Fragestellungen zu konzentrieren, die im Hinblick auf die Geschichte des betroffenen Euphrattales und den gegenwärtigen Forschungsstand als vorrangig zu gelten hatten. Beim Fortschreiten der Arbeit mußte die Frage nach den Prioritäten wiederholt neu gestellt werden. Am Tall Habuba Kabira führte dies zum Festhalten am ursprünglichen Konzept einer begrenzten Schichtgrabung bis zur Sohle. Ungeklärt blieb dabei die Unterstadt am westlichen Fuß des Talls. In Habuba Kabira-Süd konzentrierten wir uns auf eine möglichst großflächige Freilegung der Wohnviertel mit dem Ziel, den Stadtplan und die typischen Hausformen zu ermitteln. Wir nahmen dabei die einzigartige Chance wahr, welche uns die lokalen Gegebenheiten boten, denn hier kamen die Baureste aus dem 4. Jahrtausend v. Chr. nur 20–30 cm unter der Oberfläche zutage. Zurücklassen mußten wir das Inventar vieler Häuser, denn es fehlte an Zeit, sie alle bis zum Fußboden freizulegen, und auch den Spuren von Gehöften im Umkreis der Stadt konnten wir nicht nachgehen.

Wenngleich wir gern noch einige weitere Jahre für die Erforschung von Habuba Kabira aufgewendet hätten, so unterscheidet sich das Ende des Projektes, abgesehen von seiner Begründung durch übergeordnete Ereignisse, nicht grundsätzlich von dem anderer archäologischer Ausgrabungen: Es verbleibt stets eine Fülle ungeklärter Fragen von unterschiedlicher Art und Reichweite. Bisher wurde noch keine Siedlung aus dem orientalischen Altertum vollständig erforscht, und es ist unwahrscheinlich, daß dies mit den gegenwärtigen Methoden in der näheren Zukunft geschehen wird. Vielmehr führt die größere Genauigkeit der heutigen Untersuchungen dazu, daß die freigelegten Flächen geringer werden. Auch die gesteigerten Arbeiterlöhne und sonstigen Kosten verhindern Grabungen mit 250 und mehr Arbeitern, wie sie in den ersten Jahrzehnten unseres Jahrhunderts noch üblich waren. Das Ziel moderner Ausgrabungen ist es, dem untersuchten Areal möglichst alle Informationen abzugewinnen, die sich mit unseren Mitteln erfassen lassen, denn Ausgraben ist zugleich Zerstören. Fehler sind später nicht mehr zu korrigieren und Ungenauigkeiten nicht mehr nachzuprüfen.

Habuba Kabira liegt jetzt in der Randzone des Stausees. Bei hohem Wasserstand ist es eine Insel und zum Teil überflutet. Geht das Wasser zurück, so ist das Ruinengebiet zeitweise wieder vom Lande her zugänglich. Eine Fortsetzung der Arbeiten ist jedoch nicht nur wegen der nicht vorhersehbaren Verhältnisse des Wasserstandes problematisch, sondern auch aus Mangel an finanziellen Mitteln. Die Stiftung Volkswagenwerk, die das Projekt großzügig unterstützt hat, finanziert nur zeitlich begrenzte Arbeiten, wobei im Falle dieser Grabung der Rahmen von vornherein festgelegt war.

Chronologie der Forschungen in Habuba Kabira

Vorbesichtigung des Stauseegebietes vom 15. bis 19. September 1968 durch Ernst Heinrich (Architekt), Einar von Schuler (Philologe) und Eva Strommenger (Archäologin) unter Begleitung von Abdul Kader Rihaoui. Auswahl des Tall Habuba Kabira zur Ausgrabung und des Tall Munbaqa zur Sondierung.
MDOG 101 (1969) 27 ff.

1. Kampagne vom 28. März bis 25. April 1969; Grabungsleitung: Einar von Schuler; Archäologen: Ursula Seidl und Eva Strommenger; Architekten: Wido Ludwig und Hansjörg Schmid; Philologe und Photograph: Einar von Schuler; Kommissar: Ali Abou Assaf. Vermessung des Talls und Beginn der Grabung an der Ost- und Südflanke. Torbau und Straße der Schicht 10.
MDOG 101 (1969) 37 ff.

2. Kampagne vom 5. September bis 25. Oktober 1969; Grabungsleitung: Ernst Heinrich; Archäologen: Ruth Opificius, Eva Strommenger und Dietrich Sürenhagen (auch Photograph); Architekten: Karl Becker, Wido Ludwig und Dieter Rentschler; Geodät: Wolfmar Ziedrich; Kommissare: Anwad Musellatti und Muhammad Khatib. Auf dem Tall Bau oberhalb des Tores, Terrasse mit Brunnen und Außenmauer der Schicht 10. Vom 23. September bis 23. Oktober 1969 erste Grabung in Habuba Kabira-Süd.
MDOG 102 (1970) 27 ff.

3. Kampagne vom 5. September bis 28. Oktober 1970; Grabungsleiter Ernst Heinrich, unterstützt von Ruth Heinrich; Archäologen: Kay Kohlmeyer, Ursula Seidl, Eva Strommenger und Dietrich Sürenhagen; Architekten: Gisela Hecker, Jan-Christoph Heusch (auch Haushalt), Hans-Christian Kara, Thomas Rhode (auch Photograph) und Hansjörg Schmid; Kommissar Muhammad Khatib. Auf dem Tall Weiterarbeit an der Ostflanke (Terrasse und Außenmauer), im Süden

Werkstatt der Schicht 3. In Habuba Kabira-Süd wurde das erste Mittelsaalhaus erkennbar.
MDOG 103 (1971) 5 ff.

4. Kampagne vom 21. August bis 31. Oktober 1971; Grabungsleitung: Ernst Heinrich und Eva Strommenger; Archäologen: Kay Kohlmeyer, Eva Strommenger, Dietrich Sürenhagen und Hildegard Winkler; Architekten: Jan-Christoph Heusch, Hans-Christian Kara, Klaus Kunz und Wido Ludwig, Technik/Haushalt: Gennaro Ghirardelli; Photograph: Detlef Bäcker; Arzt: Uwe Machinek; Kommissare: Wahid Khayata und Ali Summaqiyya. Auf dem Tall Erweiterung der Grabungsfläche im Südosten, ältere Zitadellenmauer. In Habuba Kabira-Süd erster vollständiger Gehöftgrundriß.
MDOG 105 (1973) 5 ff.

5. Kampagne vom 5. August bis 26. Oktober 1972; Grabungsleitung: Eva Strommenger; Archäologen: Kay Kohlmeyer, Annegret Nippa, Eva Strommenger, Dietrich Sürenhagen und Eva Töpperwein; Architekten: Dieter Robert Frank, Jan-Christoph Heusch, Hansjörg Schmid und Jürgen Stürzer; Technik/Haushalt: Gennaro Ghirardelli; Photographin: Ursula Kraus; Kommissar Wahid Khayata. Auf dem Tall Tiefschnitt im Osthang zur Klärung der baulichen Entwicklung, Töpferofen. In Habuba Kabira-Süd erste Tontafeln und zahlreiche gesiegelte Bullen.
MDOG 105 (1973) 5 ff.

Testgrabung im März 1973; Jan-Christoph Heusch und Kay Kohlmeyer; Kommissar: Wahid Khayata. Prüfen archäometrischer Aufnahmemethoden in Absprache mit Irwin Scollar: Messungen des Widerstandes und des Magnetismus.
MDOG 105 (1973) 68 ff.

6. Kampagne vom 5. August bis 25. Oktober 1973; Grabungsleitung: Eva Strommenger; Archäologen: Eva Andrea Braun-Holzinger; Marianne Eaton-Francis, Kay Kohlmeyer, Dessa Rittig und Eva Strommenger; Architekten: Sabine Gaebler, Ingrid Hahnel, Jan-Christoph Heusch, Hans-Christian Kara, Wido Ludwig und Jürgen Stürzer; Zeichner Samir Toueir; Tech-

nik/Haushalt: Gennaro Ghirardelli; Photographen: Wolfgang Bitterle, Gert Frost; Kommissar: Wahid Khayata. Abschluß der Schichtuntersuchungen am Tall bei Erreichen des gewachsenen Bodens. Untersuchung der Befestigungsmauern durch Schnitte. In Habuba Kabira-Süd großflächige Freilegung von Gehöften.
MDOG 108 (1976) 5 ff.

7. Kampagne vom 6. April bis 17. Mai 1974; Grabungsleitung: Eva Strommenger; Archäologen: Kay Kohlmeyer und Eva Strommenger; Architekten: Gerhard Braun und Jan-Christoph Heusch; Techniker: Gennaro Ghirardelli und Hani George Za'roura; Kommissar: Wahid Khayata. Widerstandsmessungen und begrenzte Grabungen in Habuba Kabira-Süd.
MDOG 108 (1976) 5 ff.

8. Kampagne vom 10. August bis 8. November 1974; Grabungsleitung: Eva Strommenger; Archäologen: Eva-Andrea Braun-Holzinger, Kay Kohlmeyer, Dessa Rittig, Mathilde Roos, Eva Strommenger und Dietrich Sürenhagen; Architekten: Bernd Götting, Ingrid Hahnel, Jan-Christoph Heusch, Wido Ludwig und Rolf Schulte; Zeichner: Samir Toueir; Technik/Haushalt: Gennaro Ghirardelli; Photograph: Wolfgang Bitterle; Kommissar: Wahid Khayata, Assad Mahmoud und Kassem Toueir. Auffinden der Stadtmauer in Habuba Kabira-Süd. Freilegung weiterer Gehöfte.
MDOG 108 (1976) 5 ff.

9. Kampagne vom 12. August bis 27. November 1975; Grabungsleitung: Eva Strommenger; Archäologen: Kay Kohlmeyer, Dessa Rittig, Eva Strommenger und Dietrich Sürenhagen; Architekten: Bernd Götting, Ingrid Hahnel und Jan-Christoph Heusch; Technik/Haushalt: Gennaro Ghirardelli; Photograph: Wolfgang Bitterle; Kommissare: Anwar Abd al Ghafur und Wahid Khayata. Weitere Untersuchung der Stadtmauer in Habuba Kabira-Süd. Freilegung weiterer Gehöfte, vor allem im Süden der Stadt. Feststellung eines bewässerten Gartens, Schnitte zur Klärung der Schichtverhältnisse.
MDOG 108 (1976) 5 ff.

Ausgewählte Literatur

(Weiterführende Bibliographien vor allem in den Titeln Nr. 2, 10, 11, 12, 17, 18 und 27)

1. Vorberichte über die Grabungen in Habuba Kabira in den Mitteilungen der Deutschen Orient-Gesellschaft 101 (1969); – 102 (1970); – 103 (1971); – 105 (1973); – 108 (1976).

2. P. Amiet, Die Kunst des Alten Orient (Freiburg i. Br. 1977).

3. O. Aurenche, Dictionnaire illustré multilingue de l'architecture du Proche Orient ancien (Lyon 1977).

4. D. R. Frank, Stadt ohne Namen – anonyme Architektur: Bauwelt 69, Jahrgang 42, 10. Nov. 1978, 1560 ff.

5. D. N. Freedman (Hrsg.), Archeological Reports from the Tabqa Dam Project – Euphrates Valley, Syria: Annual of the American Schools of Oriental Research 44 (1979).

6. E. Heinrich, Die Stellung der Uruk-Tempel in der Baugeschichte: Zeitschrift für Assyriologie und Vorderasiatische Archäologie NF 15 (1950) 21 ff.

7. E. Heinrich, Bauwerke in der altsumerischen Bildkunst (Wiesbaden 1957).

8. E. Heinrich, Der Architekt von heute und die Baukunst der Vergangenheit: Bonner Jahrbücher des Rheinischen Landesmuseums in Bonn 161 (1961) 51 ff.

9. E. Heinrich, Die Geburt der Architektur im Alten Orient: Archäologischer Anzeiger Heft 4 1971 S. 584 ff.

10. E. Heinrich, Artikel ›Haus‹ im Reallexikon der Assyriologie und vorderasiatischen Archäologie 4 (1972–75) 176 ff.

11. E. Heinrich in: W. Orthmann, Der Alte Orient. Propyläen Kunstgeschichte 14 (Berlin 1975) 131 ff. und 241 ff.

12. B. Hrouda, Vorderasien I. Mesopotamien, Babylonien, Iran und Anatolien: Handbuch der Archäologie (München 1971).

13. H. Klengel, Handel und Händler im alten Orient (Leipzig 1979).

14. H. J. Lenzen, Die Architektur in Eanna in der Uruk IV Periode: Iraq 36 (1974) 111 ff.

15. J. Margueron (Hrsg.), Colloque – Le moyen Euphrate, zone de contacts et d'échanges – Strasbourg 1977.

16. A. Moortgat, Die Kunst des Alten Mesopotamien (Köln 1967).

17. W. Nagel, Die Bauern- und Stadtkulturen im vordynastischen Vorderasien (Berlin 1964). Vorabdruck in: Berliner Jahrbuch für Vor- und Frühgeschichte 1–4 (1961–1964).

18. Rudolf Naumann, Architektur Kleinasiens von ihren Anfängen bis zum Ende der hethitischen Zeit (1. Aufl. Tübingen 1955, 2. Aufl. 1971).

19. A. Salonen, Die Türen des alten Mesopotamien (Helsinki 1961).

20. A. Salonen, Die Möbel des alten Mesopotamien (Helsinki 1963).

21. A. Salonen, Die Waffen der alten Mesopotamier (Helsinki 1965/66).

22. A. Salonen, Die Hausgeräte der alten Mesopotamier Teil I (Helsinki 1965) Teil II (Helsinki 1966).

23. A. Salonen, Agricultura Mesopotamica (Helsinki 1968).

24. A. Salonen, Die Fischerei im alten Mesopotamien (Helsinki 1970).

25. A. Salonen, Die Ziegeleien im alten Mesopotamien (Helsinki 1972).

26. A. Salonen, Vögel und Vogelfang im alten Mesopotamien (Helsinki 1973).

27. E. Strommenger/M. Hirmer, Fünf Jahrtausende Mesopotamien (München 1962).

28. D. Sürenhagen, Keramikproduktion in Habuba Kabira-Süd: Acta Praehistorica et Archaeologica 5/6 (1974/5) 43 ff.

Quellennachweis der Abbildungen

Innendeckel vorn Zeichnung Max Ley

Innendeckel hinten Habuba-Expedition der Deutschen Orient-Gesellschaft

Abb. 1   Photo Wido Ludwig

Abb. 2   Photo Einar von Schuler

Abb. 3   Photo Kay Kohlmeyer

Abb. 4   Zeichnung Max Ley nach einer Karte des syrischen Antikendienstes von 1974

Abb. 5   Zeichnung Max Ley nach der Informationsbroschüre ›Euphrates Dam‹

Abb. 6   Photo Jan-Christoph Heusch

Abb. 7   Zeichnung Walter Karnapp

Abb. 8–10   Photo Wolfgang Bitterle

Abb. 11   Photo Habuba-Expedition der Deutschen Orient-Gesellschaft

Abb. 12   Zeichnung Max Ley

Abb. 13–15   Photo Wolfgang Bitterle

Abb. 16   Habuba-Expedition der Deutschen Orient-Gesellschaft

Abb. 17   Photo Wolfgang Bitterle

Abb. 18   Nach einer Wandmalerei im Grabe des Wesirs Rechmire, Zeit Thutmosis III./Amenophis II. (15. Jahrh. v. Chr.) umgezeichnet bei H. F. Döbler u.a., Aus Lehm und Gold (Stuttgart 1967) Abb. 401

Abb. 19   Zeichnung Heide Fleck

Abb. 20   Zeichnung Max Ley

Abb. 21   Nach E. Heinrich, Bonner Jahrbücher des Rheinischen Landesmuseums in Bonn 161 (1961) 65 Abb. 10

Abb. 22   Vgl. Vierter vorläufiger Bericht über die in Uruk unternommenen Ausgrabungen (Berlin 1932) Tf. 9a

Abb. 23   Zeichnung Max Ley

Abb. 24   Zeichnung Max Ley nach XXIV. vorläufiger Bericht über die . . . Ausgrabungen in Uruk-Warka (Berlin 1968) Tf. 28

Abb. 25   Photo Ingrid Strüben

Abb. 26   Photo Gerhard Schneider

Abb. 27   Photo Ingrid Strüben

Abb. 28   Photo Wolfgang Bitterle

Abb. 29   Zeichnung Dorothea von Lorentz-König

Abb. 30   Zeichnung Max Ley

Abb. 31   Zeichnung Max Ley nach A. Paterson, Assyrian Sculptures. Palace of Sinacherib (Dēn Hag 1912) Tf. 96/97

Abb. 32   Zeichnung Dorothea von Lorentz-König nach H. J. Lenzen, Zeitschrift für Assyriologie 49 (1950) Tf. 3 Abb. 5 und M. E. L. Mallowan, Baghdader Mitteilungen 3 (1964) Tf. 8

Abb. 33   Photo Wolfgang Bitterle

Abb. 34   Photo Ingrid Strüben

Abb. 35   Zeichnung Max Ley

Abb. 36   Zeichnung Max Ley nach J. G. D. Clark, Prehistoric Europe (London 1952) Abb. 56

Abb. 37   Photo Ingrid Strüben

Abb. 38   Photo Ingrid Strüben

Abb. 39   Photo Ingrid Strüben

Abb. 40   Zeichnung Dorothea von Lorentz-König

Abb. 41   Photo Wolfgang Bitterle

Abb. 42–44   Zeichnung Max Ley

Abb. 45   Zeichnung Max Ley nach W. Shepherd, Flint. Its Origin, Properties and Uses (London 1972) Abb. 59

Abb. 46   Photo Ingrid Strüben

Abb. 47   Zeichnung Max Ley

Abb. 48   Zeichnung Max Ley nach W. Wolf, Die Welt der Ägypter (Stuttgart 1955) Tf. 23 unten und L. Klebs, Die Reliefs des alten Reiches (2980–2475 v. Chr.) Abb. 66

Abb. 49   Zeichnung Margot Fuchs nach K. J. Franken, A Stratigraphical and Analytical Study of Early Iron Age Pottery: Excavation at Deir 'Alla-I (Leiden 1969) Abb. 22

Abb. 50   Zeichnung Margot Fuchs

Abb. 51   Photo Ingrid Strüben

Abb. 52   Photo Ingrid Strüben

Abb. 53   Zeichnung Max Ley

Abb. 54   Nach G. Van Driel / C. Van Driel-Murray, Akkadica 12 (1979) Abb. nach S. 28

Abb. 55   Zeichnung Dessa Rittig

Abb. 56   Zeichnung Muhammad Roumi

Abb. 57   Photo Ursula Kraus

Abb. 58   Photo Ursula Kraus

Abb. 59   Zeichnung Max Ley nach D. Schmandt-Besserat, American Journal of Archaeology 83 (1979) 19 ff.

Abb. 60   Zeichnung Max Ley

Abb. 61   Zeichnung Max Ley

Abb. 62   Photo Wolfgang Bitterle

Abb. 63   Photo Detlef Bäcker

Abb. 64–69   Zeichnung Jan-Christoph Heusch

Abb. 70   Zeichnung Max Ley

Abb. 71   Zeichnung Max Ley

Abb. 72   Photo Dietrich Sürenhagen

Abb. 73   Photo Thomas Rhode

Abb. 74   Photo Wolfgang Bitterle

Abb. 75   Zeichnung Max Ley

Abb. 76   Zeichnung Max Ley

Abb. 77   Photo Wolfgang Bitterle

Abb. 78–81   Zeichnung Max Ley

Umschlag		Photo Wolfgang Bitterle
Tf. A		Photo Wolfgang Bitterle / Gert Frost
Tf. B		Photo Wolfgang Bitterle
Tf. C	1	Photo Ursula Kraus
	2	Photo Wolfgang Bitterle
	3	Photo Wolfgang Bitterle / Gert Frost
	4	Photo Wolfgang Bitterle / Gert Frost

Tf. D	1	Photo Wolfgang Bitterle / Gert Frost
	2	Photo Ursula Kraus
Tf. E	1	Photo Wolfgang Bitterle
	2	Photo Wolfgang Bitterle
Tf. F	1	Photo Ursula Kraus
	2	Photo Wolfgang Bitterle / Gert Frost

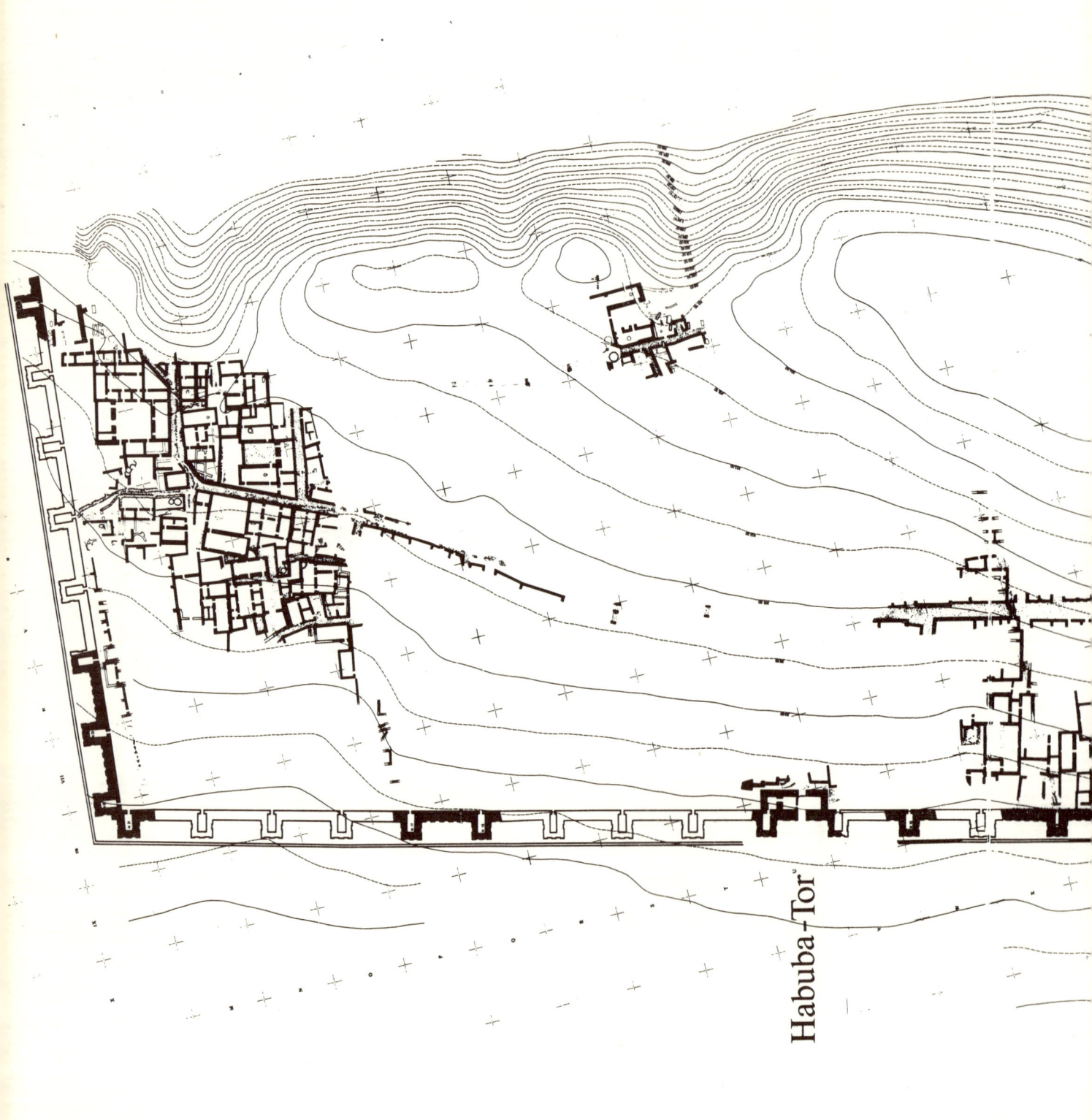

Habuba-Tor